Library

ボナパルトの
メール18日［初版］

Der 18. Brumaire des Louis Bonaparte

平凡社ライブラリー

Heibonsha Library

ルイ・ボナパルトのブリュメール18日
〔初版〕

Der 18. Brumaire des Louis Bonaparte

カール・マルクス著
植村邦彦訳
柄谷行人付論

平凡社

『ルイ・ボナパルトのブリュメール18日［初版］』は、
一九九六年四月に太田出版より刊行されました。
本書は、平凡社ライブラリーへの収録に際して、
太田出版版を底本にしつつ、加筆・修正したものです。

目次

初版序文

私が編集した週刊誌『ディ・レヴォルツィオーン（革命）』は、二号しか続かなかった。資本不足のために――株式引き受けが期待した額に達しなかったので――私は週刊誌という形の企画をとりあえずは再度あきらめるしかなかった。これはすぐに再開できるようになるだろうと思っている。それまでの間は、『ディ・レヴォルツィオーン』のために取ってある材料を不定期刊の分冊という形でまとめていくことにするが、こうして読者にお目にかけるのがその第一号である。次号の出版までの期間がどれくらいになるかは、この第一号の売れ行きの速さにかかっている。第二号のための材料は、すでに部分的には準備してある。それはもちろん、以下にお伝えするカール・マルクス著『ルイ・ナポレオンのブリュメール18日』[*1]がそうでないのと同じように、出版が遅れたら失われてしまうような一時的な関心しか引かないようなものではない。

マルクスは『ニューヨーク・デイリー・トリビューン』に「革命と反革命」という題で連載論説を発表したが、[*2] その中で彼は、ドイツの革命的発展と現在の状態についての図像を描き出している。同じようにして彼は『ブリュメール18日』ではフランスの状態を描いている。ヨーロッパの諸革命においてフランスの果たす役割がますます重要で決定的なものになればなるほど、フランスの状況についての正確な描写がますます重要になる。この正確な描写によってのみ、一八五一年一二月二日「ルイ・ボナパルトのクーデタ」によって期待を裏切られた小市民的民主主義の指導者たちがのべつまくなしに外国に向かって自ら身売りするときの、あの胸の張り裂けるようなエレミア調の哀歌を、[*3] この地から一掃することができる。フランスは革命的行動力の国であり、いまでもそうである。そして、たとえ知的・理論的発展に関してはドイツがフランスよりも優位に立ったとしても、フランスは革命的発展の重心であるし、そうであり続けている。

文筆界の追いはぎであるテレリンク氏とかいう人物、[*4] 市場の物売りのように自分で広告しているところによれば、最近では「ベルリンとウィーンの上級国家公務員試補」であり、以前にはカール・マルクスがケルンで編集していた『新ライン新聞』のウィーン通信員だったこの人物は、つい最近も、カール・マルクスが『トリビューン』に発表した論説は自分の以前の手紙からの剽窃だと声明するという、おかしな恥知らずの言動をした。彼は、自分の悪態パンフレットを携えてニューヨーク中のドイツ語新聞社をむなしく行商してまわった後で、最終的にカール・ハインツェン氏[*5]のところに望み通り出入りを許された。カール・マルクスが、深く包括的な研究の結果である諸見解の独創性やその言葉遣いの古典的模範性によって、膨大な数の政治的著述家たちにはるかに勝っていることは、彼の敵でさえも異議を唱えないことだ。だから、例の声明に対して一言でも返答するとしたら、それはマルクスの品位にかかわることであるとともに私の品位にもかかわることになるだろう。しかし私としては、この雑誌には次のようなことをする余地がないことを、本当に心から残念に思う。つまり、ハインツェン氏の活動――フォルスタッフ[*6]と同様に、いつも通りの大言壮語や大ぼら吹きの怒鳴り声で敵を打ち倒すことができない場合には、戦場を、原則的な議論の戦場を臆病にも避けておいて、自分の偏狭な脳みそにうまく収まりそうにない物事を勇敢にもこきおろし続ける――あらゆるジャーナリストの中でも最も大口たたきのこの人物の活動を、もっと詳しく説明する余地がないことである。しかし、この仕事は次号のために取っておくことにしよう。ハインツェン氏は、彼の尺度からして、彼自身の党派の大物たちがいないと困るのだ。しかし、一党派のジャーナリストというものは、自分自身でいつもくりかえしこの党派のためのすばらしい尺度を演じているのである。

ニューヨーク　一八五二年五月一日

J・ヴァイデマイアー

訳注

＊1――掲載誌の表紙にもこの題名が印刷されている。ただし、マルクスの本文中に出てくるのは「ルイ・ボナパルト」であり、「ルイ・ナポレオン」という表記は一度も出てこない。マルクス自身はこの著作を一貫して『ルイ・ボナパルトのブリュメール18日』と呼んでいる。一八五一年一二月一九日付のヴァイデマイアー宛の手紙（大月書店版『マルクス・エンゲルス全集』第二七巻、五〇三頁）を参照。

＊2――英語の論説「ドイツにおける革命と反革命」は、一八五一年一〇月から翌年一〇月まで一九回にわたってマルクスの名前で『ニューヨーク・デイリー・トリビューン』に連載された。しかし、実際に執筆したのはフリードリヒ・エンゲルスである。マルクスは一八五一年八月一四日付の手紙でエンゲルスに次のように依頼している。「ところで『ニューヨー

ク・トリビューン』の件だが、いま僕は経済学で手いっぱいだから、ぜひ君に助けてもらいたい。一八四八年以来のドイツに関する連続論説を書いてくれたまえ」(大月書店版『マルクス・エンゲルス全集』第二七巻、二六八頁)。

＊3——『旧約聖書』の「エレミアの哀歌」は、紀元前六世紀のバビロニアによるエルサレム占領とユダヤ人のバビロン捕囚の苦難をうたったもので、預言者エレミアの作とされる。

＊4——エドゥアルト・フォン・ミュラー゠テレリンク(一八〇八頃〜?)。ドイツの急進的ジャーナリスト。一八四八年革命の際には『新ライン新聞』のウィーン通信員。革命敗北後ロンドンに亡命し、一八五〇年にマルクスたちと決裂、一八五二年にアメリカに移住した。

＊5——カール・ハインツェン(一八〇九〜八〇)。ドイツの急進的ジャーナリスト。一八四八年革命の際にはバーデンで活動し、革命敗北後スイスに亡命。一八五〇年にアメリカに移住し、後半生をそこで過ごした。

＊6——シェイクスピアの『ヘンリー四世』などに登場する肥満の老騎士。臆病者で大酒飲み、欲深で好色だが、機知に富んだ憎めない人物として描かれている。

第一章

ヘーゲルはどこかで、すべての偉大な世界史的事実と世界史的人物はいわば二度現れる[*1]、と述べている。彼はこう付け加えるのを忘れた。一度は偉大な悲劇として、もう一度はみじめな笑劇として[*2]、と。ダントンの代わりにコシディエール、ロベスピエールの代わりにルイ・ブラン、一七九三〜九五年のモンターニュ派の代わりに一八四八〜五一年のモンターニュ派、小男の伍長と彼の元帥たちの円卓騎士団の代わりに、借金を抱えた中尉たちを手当たり次第にかき集めて引き連れたロンドンの警官[*3]！　天才のブリュメール一八日の代わりに白痴のブリュメール一八日[*4]！　そしてブリュメール一八日の第二版が出版された状況も、これと同じ戯画である。一度目は[*5]フランスが破産の瀬戸際にあったが、今度はボナパルト自身が債務者拘留所に入る瀬戸際だった。あのときは列強の連合が国境にいたが、――今度はルーゲ＝ダラシュの連合がイングランドに、キンケル＝ブレンターノの連合がアメリカにいる。

あのときはサン・ベルナール峠を越えなければならなかったが、今度は一個中隊の憲兵隊をジュラ山脈を越えて送り込まなければならない。[*6] あのときはマレンゴ以上のものを獲得しなければならなかったが、今度はサン・タンドレ大十字勲章[*7]を獲得し、『ベルリン国民新聞』の尊敬を失わなければならない。

人間は自分自身の歴史を創るが、しかし、自発的に、自分で選んだ状況の下で歴史を創るのではなく、すぐ目の前にある、与えられた、過去から受け渡された状況の下でそうする。すべての死せる世代の伝統が、悪夢のように生きている者の思考にのしかかっている。そして、生きている者たちは、自分自身と事態を根本的に変革し、いままでになかったものを創造する仕事に携わっているように見えるちょうどそのとき、まさにそのような革命的危機の時期[*8]に、不安そうに過去の亡霊を呼び出して自分たちの役に立てようとし、その名前、鬨《とき》の声、衣装を借用して、これらの由緒ある衣装に身を包み、借り物の言葉で、新しい世界史の場面を演じようとするのである。こうしてルターは使徒パウロ[*9]に仮装し、一七八九～一八一四年の革命はローマ共和国に扮したりローマ帝国に扮したりし、そして一八四八年の革命は、せいぜいここでは一七八九年の、あそこでは一七九三～九五年の革命的伝統のパロディを演じることしかできなかった。同じように、新しい言語を覚えたばかりの初心者はそれをつねに自分の母語に訳し戻すものだが、訳語を思い出さないでその言語を使えるようになり、それを使う際に先祖伝来の言葉を忘れるようになったときにはじめて、彼はその新しい言語の精神を身につけたのであり、その言語を自由に使いこなすことができるのである。

それらの世界史的な死者の呼び出しをよく見れば、一つの際立った違いがあることがすぐわかる。カミーユ・デムーラン、ダントン、ロベスピエール、サン＝ジュスト、ナポレオン、旧フランス革命の英雄たちや諸党派や大衆は、ローマの衣装に身を包み、ローマの決まり文句を使って、近代市民社会を解き放ち打ち立てる、という彼らの時代の課題を成し遂げた。すなわち、ある人々は封建的地盤を粉砕し、その上に生えていた封建的な頭を刈り取った。他の一人［ナポレオン］は、フランス国内では、その中ではじめて自由競争が発展し、分割土地所有が活用され、解き放たれた国民の工業的生産力が利用されることが可能になる諸条件を創り出し、フランス国境の彼方では、フランスの市民社会にふさわしい時代に即した環境をヨーロッパ大陸に創り出すために必要なかぎりで、いたるところで封建的な諸姿態を一掃した。新しい社会構成がいったん打ち立てられると、太古の巨人たちは消え去り、彼らとともに、復活したローマ世界――ブルートゥス、グラックス、プブリコラのような人々、護民官たち、元老院議員たち、そしてカエサル自身も消え去った。酔いのさめた現実の市民社会は、セー、クーザン、ロワイエ＝コラール、バンジャマン・コンスタン［・ド・ルベック］、ギゾーといった人々を自分の真の代弁者や通訳とし、この社会の現実の司令官たちはカウンターの後ろに座っており、でっぷりとふとった顔のルイ一八世がその政治的首長だった。この社会は、富の生産や競争という平和な闘争にすっかり熱中してしまい、ローマ時代の幽霊たちが自分のゆりかごを大事に守ってくれたことなど、もはや理解できなくなった。しかし、この市民社会はいまでは現に非英雄的だが、それをこの世に生み出すためには、ヒロイズムや犠牲的行為、恐怖、内乱、諸国民戦争が必要だったのである。そして市民社会の闘士たちは、ローマ共和国の古典的に厳格な伝統のうちに理想像と芸術形式を、つまり自己欺瞞を見いだしたのであって、自分たちの闘争の内容が市民的に制限されていることを自分自身に対して隠し、自分たちの情熱を偉大な歴史的悲劇の高みに保っておくためには、そのような自己欺瞞が必要だったのである。発展段階は異なるが、一世紀前に、クロムウェルとイングランドの人民もまた同じように、旧約聖書から自分たちの市民革命のための言葉、情熱、幻想を借用した。現実的目標が達成され、イングランド社会の市民的変革が成し遂げられてしまうと、ロックがハバクク*10を押しのけることになった。

それらの革命の中で死者を蘇らせたのは、したがって新しい闘争を賛美するためであって、昔の闘争のパロディを演じるためではなかった。与えられた課題を空想の中で誇張するためであって、それを現実の中で解決するのを恐れて逃げ出すためではなかった。革命の精神を再発見するためであって、革命の幽霊を再び出没させるためではなかった。

一八四八〜五一年には、老人バイイに扮した洒落者の共和主義者マラストから、ナポレオンのデスマスクの鉄仮面の下に平凡だが不快な顔立ちを隠したイカサマ師［ルイ・ボナパルト］にいたるまで、昔の革命の幽霊が出没しただけだった。革命によって動力を加速したと信じていた一民族全体が、すでに死んだ時代に戻っているのに突然気づくのであり、そしてこの逆戻りに関してどんな思い違いも起きないように、昔の日付が、とっくの昔に古本屋の博識に属するものになっていた昔の革命紀元、昔の名前、昔の勅令が、そしてとっくの昔に腐り果てたと思われていた昔の国家権力の手先が再び出現するのである。国民は、自分がベドラム［ロンドンの精神病院］にいる例の気が狂ったイングランド人になったような気がするかもしれない。この男は、古代のファラオ［エジプト王］たちの時代に生きていると思い込み、エチオピアの鉱山で金採掘人夫として果たさなければならない苛酷な仕事について毎日愚痴をこぼしている。この地下の牢獄に埋め込まれ、弱々しく光るランプを頭に固定し、背後には長い鞭を持った奴隷監督がおり、出口は異邦人の傭兵でごった返しているが、彼らは共通の言葉を話さないので、鉱山の強制労働者とも自分たちの間でも話が通じない。「そしてこんなことが私に」と、気の狂ったこのイングランド人はため息をつく――「生まれながらに自由なブリテン人である私に要求されるのは、昔のファラオたちに金を作るためなのだ」。「ボナパルト家の借金を支払うためなのだ」と、フランス国民はため息をつく。例のイングランド人は、正気でいるかぎり、金を作るという固定観念を免れることができなかった。フランス人は、革命を起こしているかぎり、一二月一〇日の選挙が証明したように[*11]、ナポレオンの記憶を免れることができなかった。彼らは、革命の危険から後戻りしてエジプトの肉鍋[*12]を恋しがったのであり、一八五一年一二月二日［ルイ・ボナパルトのクーデタ］がその答えだった。彼らは昔のナポレオンのマンガ版を手に入れただけではなく、一九世紀半ばにはそう見えるにちがいないのだが、昔のナポレオン自身をマンガにしてしまった。

一九世紀の社会革命は、その詩情を過去から得ることはできず、未来から手に入れる以外にはない。社会革命は、過去へのあらゆる迷信を捨てないかぎり、自分をうまく扱うことができない。以前の諸革命は、自分自身の内容に関して自らを欺くために、世界史的追憶を必要とした。一九世紀の革命は、自分自身の内容に到達するために、その死者を埋葬することは死者に任せておかなければならない[*13]。以前の革命では言葉が内容を上回っていたが、いまでは内容が言葉を上回っている。

二月革命は不意打ちであり、古い社会の予期せぬ出来事であって、人民はこの予期せぬ奇襲を、新しい時代が開かれる世界史的行為だと宣言した。一二月二日には、二月革命は一人のニセ賭博師のトランプ細工によって手品のように消し去られてしまう。そしてぶち壊しにされたと思われるのは、もはや君主制ではなく、一世紀にわたる闘争によって奪い取られてきた自由主義的譲歩である。社会そのものが新しい内容を獲得する代わりに、国家がその最も古い形態に、恥知らずにもあからさまなサーベルと修道服の支配に帰ったにすぎないように見える。一八四八年二月の奇襲（クーデマン）に、一八五一年一二月の突発的行為（クーデテート）がこうして答えたのである。獲得されたのも不意なら、消え去るのも不意だった。その間、その合間がむなしく過ぎ去ったわけではない。フランス社会は一八四八年から一八五一年の間に研究調査と経験の遅れを取り戻したのであり、しかも革命的であるがゆえに短縮的な方法でそうしたのであるが、この研究調査と経験は、もし革命が表面の動揺以上のものだったとすれば、二月革命が正規に、いわば規則通りに発展した場合には、それに先行していなければならなかったはずのものである。社会は現在、その出発点より後退してしまったように見える。実際には、社会はいまようやく革命的出発点を、その下でのみ近代的革命が本気になる状況、諸関係、諸条件を、創り出さなければならなかったのである。
一八世紀の革命である市民革命は、成功につぐ成功へと迅速に突進して、その劇的効果を競いあい、人間も物もダイヤモンドに囲まれたように輝き、恍惚が日々の精神となる。しかし、それは長くもたず、すぐにその絶頂に達し、社会は、その疾風怒濤時代の成果をしらふで習得するより前に、長い二日酔いに襲われる。それに対して、一九世紀の革命であるプロレタリア革命は、たえず自分自身を批判し、自分で進みながら絶え間なく中断し、成就されたと見えるものに立ち戻って改めてやり直し、最初の試みの中途半端さ、弱さ、みすぼらしさを情け容赦なく徹底的に嘲笑するのであり、ただ敵が新しい力を大地から吸い上げて前よりも巨大になって再び立ち上がって向かってくるようにするためにだけ、敵を投げ倒すにすぎないように見えるし、自分自身の目的の漠然とした途方もなさに改めてしりごみするのだが、それも、引き返すことがいっさい不可能になる状況が創り出され、諸関係自体がこう叫ぶまでのことである。

ここがロードス島だ、ここで跳べ！
ここにバラがある、ここで踊れ！[*14]

ところで、まずまずの観察者なら、たとえフランスの発展の歩みに一歩一歩ついていかなかったとしても、これまで聞いたこともないような醜態が革命の間近に迫っていることを感じ取ったにちがいない。民主主義者諸氏が一八五二年五月二日の恵みの結果[*15]を互いに祝いあう、うぬぼれた勝利の吠え声を聞くだけで十分だった。一八五二年五月二日は彼らの頭の中では固定観念になっており、千年王国[*16]信奉者の頭の中で、キリストが再臨して千年王国が始まるはずの日がそうなっているのと同じように、信条となってしまっていた。弱い者は、いつもながら奇跡信仰に逃げ込み、空想の中で魔法を使って敵を退ければ、敵に打ち勝ったのだと信じ、そして、間近に迫った未来や、やる気はあるがいまはまだそのつもりはないというだけの行為を、実行せずに崇拝するのに夢中になって、現状がまったく理解できなくなってしまった。互いに同情しあって群れを作ることによって、自分たちの証明された無能力を否定しようとしている例の英雄たちは、荷造りを終え、月桂冠を前借りして着服し、手形市場で名義だけの共和国を割り引かせるのに忙しかった。この共和国のために、彼らはすでにその控えめな気質からこっそりと政府人事まであらかじめ配慮して組織していたのである。一二月二日は彼らにとっては青天の霹靂であり、そして諸民族は、小心な不機嫌の時代には最も声高な煽動家たちによって内心の不安をまぎらせようとしたがるものだが、ガチョウの鳴き声がカピトル丘[*17]を救うことができた時代は終わったということを、おそらく確信しただろう。

憲法、国民議会、王朝諸派、青い共和派と赤い共和派、アフリカの英雄[*18]、演壇の雷鳴、日刊紙の稲妻、文筆界、政治的名声と知的名声、民法と刑法、「自由・平等・友愛」、そして一八五二年五月二日――すべては、その敵でさえも魔法使いとは呼ばない一人の男の呪文の前に、幻影のように消え去った。普通選挙権は、全世界の目の前で自筆の遺言状を作り、人民自身の名において「生じてきたいっさいのものは、滅びてさしつかえのないものだ[*19]」と宣言するためにだけ、つかの間生き延びたにすぎないように思われる。

フランス人は国民は不意打ちされたのだと言うが、そう言うだけでは十分ではない。一国民や女性にとって油断していたというのは言い訳にならないのであって、最初に出会ったイカサマ師から暴行を受けて食い物にされるかもしれないのである。そんな言い回しによって謎が解けるわけではなく、別の形で表現されるにすぎない。三六〇〇万人の一国民が三人の俗っぽい高等詐欺師によって不意打ちを受け、無抵抗で捕虜にされることがどのようにして可能であったのかは、まだこれから説明されなければならない。

フランス革命が一八四八年二月二四日から一八五一年一二月までに走り抜けた諸段階を、大まかに要約することにしよう。

まぎれもなく三つの主要な時代がある。二月の時代。一八四八年五月四日から一八四九年五月二八日までの、共和制の制定あるいは憲法制定国民議会の時代。一八四九年五月二八日から一八五一年一二月までの、立憲共和制あるいは立法国民議会の時代。

一八四八年の二月二四日、すなわちルイ＝フィリップの失脚から五月四日の憲法制定議会の開会までの第一期、つまり本来の二月の時代は、革命のプロローグと呼ぶことができる。その性格は、この時代に即席に作られた政府が自分自身を臨時政府だと宣言したことに公式に表明されており、政府と同様、この時代に提案され、試みられ、表明されたすべてのものが、暫定的なものにすぎないと自称した。誰であれ、何であれ、自分のために存続の権利と実行の権利を要求する勇気をもたなかった。革命を準備し、あるいは規定したすべての構成分子、すなわち、王朝派野党[*20]、共和派ブルジョアジー、民主共和派の小ブルジョアジー、社会民主派の労働者層は、暫定的に二月政府に居場所を得た。

ほかの方法はありえなかった。二月の日々が当初の目的としていたのは選挙法改正であり、それによって所有諸階級自体のうちの政治的特権者の範囲は拡大し、金融貴族の独占的支配は打倒されるはずであった。しかし、現実に紛争が起こり、人民がバリケードに上り、国民衛兵[*21]が消極的な態度をとり、軍隊が本気で抵抗せず、王権が逃亡したとき、共和国は自明のものに思われた。どの党派も、共和国を自分に都合よく解釈した。プロレタリアートに関していえば、武器を強引に手に入れていたので、プロレタリアートは共和国に自分の刻印を押し、それを社会的共和国だと宣言した。こうして近代的革命の一般的内容が暗示されたが、その内容は、ドラマのプロローグではそうでしかありえないように、目の前にある材料で、大衆の教養の到達段階で、与えられた状況や事情の下で、さしあたりすぐ実行に移すことのできたあらゆるものとは、きわめて風変わりに矛盾していた。他方、二月革命に出演したその他すべての構成分子の要求は、彼らが政府内で獅子の分け前を受け取るという形で認められた。だから、舞い上がった決まり文句と現実の不確かさや頼りなさがこれほどまでにごちゃまぜになった時代はないし、革新志向がこれほど情熱的なのに、古い型通りの手順の支配がこれほど根本的な時代、社会全体がこれほど調和して見えるのに、社会を構成する諸要素の疎遠さがこれほど深い時代はなかった。パリのプロレタリアートが、彼らの前に開かれた偉大な展望に見とれて、社会問題についての真剣な議論にふけっていた間に、社会の古い諸勢力は、集合し、平静を取り戻し、正気に返り、国民の大衆の中に予期せぬ支えを見いだした。すなわち、農民と小市民であるが、彼らは七月王政の遮断機[*22]が倒壊した後に、突然政治の舞台に飛び込んできたのである。

一八四八年五月四日から一八四九年五月末までの第二期は、憲法制定、すなわち市民的共和制の創設の時代である。二月の日々の直後は、王朝派野党が共和派に不意打ちされ、共和派が社会主義者によって不意打ちされただけでなく、フランス全体がパリによって不意打ちされた。一八四八年五月四日に開会された国民議会は、国民全体の選挙の結果として生じたものであり、国民全体を代表していた。国民議会は、二月の日々の無理な要求に対する生きている抗議であり、革命の結果を市民的尺度に還元すべき立場にあった。この国民議会の性格をすぐに把握したパリのプロレタリアートは、その開会後まもない五月一五日に、その存在を力によって否定し、解散させ、国民の反動的精神がプロレタリアートを脅かしている有機的形態を、再びその個々の構成部分に分散させようと試みたが、無駄に終わった。五月一五日は、よく知られているように、ブランキとその仲間たち、すなわちプロレタリアの党派の本当の指導者たち、革命的共産主義者たち[*23]を、われわれが考察している連続上演期間の全体を通して、公共の舞台から遠ざける結果にしかならなかった。[*24]

ルイ＝フィリップの市民的君主制の跡を継ぐことができるのは、市民的共和制だけである。

すなわち、［これまでは］王の名の下にブルジョアジーの限られた一部が支配してきたとすれば、いまや人民の名においてブルジョアジーの全体が支配することになる。パリのプロレタリアートの要求はユートピア的なばかげた思いつきであり、これでもう終わりにさせなければならない。憲法制定国民議会のこのような言明に対して、パリのプロレタリアートは、ヨーロッパの内乱史上最も巨大な事件である六月反乱[*25]で答えた。市民的共和制が勝利した。金融貴族、工業ブルジョアジー、中産階級、小市民、軍隊、遊動警備隊[*26]に組織されたルンペンプロレタリアート、知的専門家、坊主、農村住民が、市民的共和制の側についた。パリのプロレタリアートの側には、彼ら自身のほかには誰もつかなかった。勝利の後で三〇〇〇人以上の反乱者が虐殺され、一万五〇〇〇人が判決なしに流刑にされた。この敗北とともに、プロレタリアートは革命の舞台の背景に退く。プロレタリアートは、運動が新たにやり直されるように見えるたびに、すぐに再び強引に前に出ようとするが、懸命の努力はますます弱々しくなり、結果はいつもますます貧しいものになる。自分より上に位置する社会階層の一つが革命的に激するとすぐに、プロレタリアートはそれと関係を結び、したがってさまざまな党派がつぎつぎに喫する敗北のすべてをともにする。しかし、これらの追加的な一撃は、社会の表面全体に分散すればするほど、ますます弱まっていく。議会や出版界でのプロレタリアートの優れた指導者は順々に裁判の犠牲となり、ますますいかがわしい人物がプロレタリアートの先頭に歩み出る。部分的には、プロレタリアートはいくつかの非現実的な実験に没頭する。すなわち、交換銀行や労働者生産協同組合という形での、したがって、古い世界をそれ自身の巨大な手段総体をもって変革することを断念して、むしろ社会の背後で、私的な仕方で、プロレタリアートの制限された生存諸条件の内部で、プロレタリアートの救済を成就させようとし、したがって必然的に挫折する運動という形での、非現実的な実験に没頭する。[*27]プロレタリアートが六月に闘ったすべての階級がプロレタリアート自身と並んでぺちゃんこになるまでは、プロレタリアートは自分自身のうちに革命的偉大さを再発見することも、新たな結合から新たなエネルギーを得ることもできないように見える。しかし、プロレタリアートは、少なくとも偉大な世界史的闘争という名誉をもって敗れている。フランスだけでなく、全ヨーロッパが六月地震［一八四八年六月反乱］には恐れおののくが、他方、その後のより上の諸階級の敗北はあまりに安い代償で済んだので、そもそも事件として通用するためには、勝利した党派の側からの白々しい誇張が必要であり、そして敗北した党派がプロレタリアの党派から遠く隔たっていればいるほど、敗北はそれだけいっそう不名誉きわまりないものになるのである。

六月反乱者の敗北は、市民的共和制が基礎固めされ、建築されうる敷地をたしかに造成し、平らにした。しかし、それは同時に、ヨーロッパでは「共和制か君主制か」とは別のことが問題なのだ、ということを示した。それは、市民的共和制は、ヨーロッパでは一階級の他の諸階級に対する無制限の総体的専制を意味する、ということを明らかにした。それは、発展した階級形成をもち、近代的な生産諸条件をもち、数世紀にわたる労働によって伝統的な諸観念のすべてを一つの精神的意識に解消させている古い文明諸国では、共和制はそもそもただ市民社会の革命的な破壊形態を意味するのであって、たとえば北アメリカ合衆国におけるように、市民社会の保守的な発展形態を意味するのではない、ということを示した。[*28] 北アメリカ合衆国にはたしかにすでに諸階級が存在しているが、まだ固定しておらず、たえず流動しながらその構成諸要素を絶え間なく取り替え、割譲しあっている。アメリカでは、近代的な生産手段は、停滞的な過剰人口と重なるのではなくて、むしろ頭脳と人手の相対的な欠如を埋め合わせている。最後に、アメリカでは物質的生産の熱に浮かされた若々しい運動は、新世界をわがものとしなければならないので、古い精神世界を廃止する時間も機会も残さなかった。

すべての階級と党派は、六月の日々の間、無政府の党、社会主義の、共産主義の党としてのプロレタリア階級に対抗して、秩序の党へと一体化した。彼らは「社会の敵」から社会を「救った」。彼らは、古い社会の見出し語「所有、家族、宗教、秩序」を、合言葉として彼らの軍隊に与え、反革命的十字軍に「このしるしの下に汝は勝利するであろう！」[*29]と呼びかけた。この瞬間から、六月反乱者に対抗してこのしるしの下に群がった多くの党派のうちの一つが、自分自身の階級的利害で革命的戦場を守り通そうとするとすぐに、その党派は「所有、家族、宗教、秩序」という叫びの前に敗北するのである。まさに社会の支配者の範囲が狭くなるたびに、排他的な利害がより広い利害に対して守り通されるたびに、社会は救われるのである。きわめて単純な市民的財政改革、きわめて平凡な自由主義、きわめて形式的な共和主義、きわめて底の浅い民主主義のどんな要求も、「社会の暗殺計画」として処罰されると同時に「社会主義」という烙印を押される。そして最後には「秩序という宗教」の司祭長たち自身が、宗教、所有、家族、秩序の名において、ピュティア[*30]の椅子から足蹴にされて追い払われ、夜陰に乗じてベッドから連れ出され、囚人護送馬車に押し込まれ、牢獄に投げ込まれるかあるいは流刑に処せられ、彼らの寺院は完全に破壊され、彼らの口は封じられ、彼らのペンは折られ、彼らの法律は引き裂かれる。秩序に熱狂したブルジョアが彼のバルコニーで酔っぱらった兵士の群れから射撃されて殺され、彼らの家族の聖遺物は汚され、彼らの家々は気晴らしに砲撃される——所有、家族、宗教、そして秩序の名において。市民社会のくずが最後に秩序の聖なる密集方陣を形成し、そして英雄クラピュリンスキ[*31]が「社会の救い主」としてテュイルリ宮殿に入居するのである。

展開の道筋をたどり続けることにしよう。

六月の日々以後の憲法制定国民議会の歴史は、共和派のブルジョア的分派の、すなわち三色旗共和派、純粋共和派、政治的共和派、形式主義的共和派などの名で知られている例の分派の、支配と解体の歴史である。

この分派は、ルイ＝フィリップの市民的君主制の下で公式の共和派野党を、つまり当時の政界の公認された構成要素を形成していた。この分派は、議会に代表者をもち、出版界に大きな勢力範囲をもっていた。そのパリの機関紙『ナシオナル』は、それなりに『ジュルナル・デ・デバ』と同様にりっぱなものとして通っていた[*1]。立憲君主制の下でのこの立場に、この分派の性格は対応していた。それは、大きな共通利害によって団結し、固有の生産諸条件によって一線を画される、そのようなブルジョアジーの分派ではなかった。それは、共和主義的思想をもつブルジョア、著作家、弁護士、将校、官僚の一派閥であり、その影響力は、ルイ＝フィリップに対するこの国の個人的反感、昔の共和制の記憶、何人かの心酔者の共和主義的信念、とりわけフランス・ナショナリズムに依拠していた。ウィーン条約やイングランドとの同盟に対するフランス・ナショナリズムの憎悪を[*2]、この派閥はずっと抱き続けたのである。『ナシオナル』は、ルイ＝フィリップ治下でもっていた信奉者の大部分をこの隠された帝国主義によって得たのであり、だからこの帝国主義が、後に共和制の下では、『ナシオナル』を壊滅させる競争相手として、ルイ・ボナパルトという姿で立ち向かってくる、ということがありえたのである。『ナシオナル』は、他のすべての市民的野党がそうしたのと同じように、金融貴族と闘った。予算への反対論は、フランスでは金融貴族に対する闘争と密接に関連するのだが、それがきわめて安上がりの人気とピューリタン的な社説のためのきわめて内容豊富な素材を調達したので、利用しないでおく手はなかった。工業ブルジョアジーは『ナシオナル』がフランスの保護関税制度を言いなりに弁護してくれたことに感謝したが、一方『ナシオナル』のほうは、国民経済的理由よりもむしろ国民的理由でそれを受け入れたのである。ブルジョアジー総体は『ナシオナル』が共産主義と社会主義を憎々しげに告発したことに感謝した。その他の点では『ナシオナル』の党派は純粋に共和主義的で、すなわち、ブルジョア支配の君主制形態の代わりに共和制形態を要求し、とりわけこの支配への自分たちの最大の分け前を要求した。この変更の諸条件については、彼らはまったくわかっていなかった。彼らにとって明白であり、ルイ＝フィリップ治世末期の改革宴会[*3]で誰の目にも明らかになったことは、彼らは、民主派の小市民や特に革命的プロレタリアートには人気がない、ということであった。これら純粋共和派は、そもそも純粋共和派というのはそういうものなのだが、二月革命が勃発して彼らの最もよく知られた代表者たちに臨時政府の席が指定されるともうすでに、さしあたりオルレアン公妃の摂政で満足するところだった。[*4]彼らは、もちろんはじめからブルジョアジーの信頼を得ており、憲法制定国民議会の多数派を占めていた。この国民議会が開会時に作った執行委員会[*5]からは、臨時政府の社会主義的構成分子がすぐさま排除され、『ナシオナル』の党派は、執行委員会をも廃位し、それによって自分たちに最も近い競争相手である小市民的あるいは民主的共和派（ルドリュ＝ロランなど）を厄介払いするために、六月反乱を利用した。六月会戦を指揮したブルジョア共和党の将軍カヴェニャックが、一種の独裁権力をもって執行委員会に取って代わった。『ナシオナル』の元編集長であるマラストが憲法制定国民議会の常任議長となり、閣僚もその他の重要なポストも全部、純粋共和派のものとなった。

共和派のブルジョア分派は、ずっと前から自らを七月王政の正統な遺産相続者だとみなしてきたのだが、こうして自分たちの理想を上回るものを手に入れた。しかし、彼らは、ルイ＝フィリップの下で夢見ていたように、王権に対するブルジョアジーの自由主義的反乱によってではなく、資本に対するプロレタリアートの暴動が散弾砲撃で鎮圧されたことによって、支配に達したのである。彼らが最も革命的な事件として思い描いてきたものが、現実には最も反革命的な事件として起こった。果実は労せずして彼らの懐に転がり込んだが、それは知恵の木から落ちた実であり、命の木の実ではなかった。[*6]

排他的なブルジョア共和派の支配は、一八四八年の六月二四日から一二月一〇日までしか続かなかった。それは、共和制憲法の作成とパリの戒厳令に要約される。

新しい憲法は、要するに一八三〇年の憲章の共和主義版にすぎなかった。[*7] 七月王政の限定された選挙人登録資格は、ブルジョアジーの大部分さえも政治的支配から排除しており、市民的共和制の存立とは相いれなかった。二月革命は、ただちにこの登録資格に代えて直接普通選挙権を宣言してしまった。ブルジョア共和派も、この出来事を起こらなかったことにするわけにはいかなかった。彼らは、選挙地での六カ月の居住という制約規定を付け加えることで満足しなければならなかった。行政、地方自治体制度、司法、軍隊などの古い組織は、無傷で存続した。あるいは憲法が組織を変更した場合には、変更されたのは、内容ではなく内容索引であり、実体ではなく名称であった。

一八四八年のさまざまな自由のお定まりの参謀本部、すなわち、個人の自由、出版の、言論の、結社の、集会の、学問の、宗教の自由等々は、憲法の制服を授けられ、それによって不可侵とされた。つまり、これらの自由はどれもフランス市民の無条件の権利だと宣言されるが、それらが無制限なのは、「他人の同じ権利と公共の安全」によって制限されないかぎり、あるいは、個々人のさまざまな自由の相互間の調和や公共の安全との調和を媒介するはずの「法律」によって制限されないかぎりのことである、という確固たる傍注がついているのである。たとえば、「市民は、結社を作り、平和に武装せずに集会し、請願し、出版によって、あるいはその他のどんな方法であれ、自分の意見を表現する権利を有する。これらの権利の享受は、他人の同じ権利と公共の安全以外には、どんな制限ももたない」（フランス憲法第二章第八条）――「教育は自由である。教育の自由は、法律の定める諸条件の下で、また国家の監督の下で、享受されなければならない」（同第九条）――「いかなる市民の住居も、法律の定める形式による場合を除いて、不可侵である」（第一章第三条）等々。――だから憲法は、例の傍注を実行し、これら無制限の諸自由が相互間でも公共の安全とも衝突しないようにそれらの享受を規制するはずの、未来の有機的に関連する法律への注意を、つねに喚起している。そして、後にこれらの有機的法律が秩序の友によって作られ、あのさまざまな自由のすべては規制されたので、ブルジョアジーがそれらを享受する際に他の諸階級の同じ権利と衝突することはない。ブルジョアジーがこれらの自由を「他者」には完全に禁止するか、あるいは警察の罠とほとんど同じである諸条件でそれらの享受を許可する場合、それはいつも、憲法が定めているように、「公共の安全」、すなわちブルジョアジーの安全のためにだけおこなわれた。だから、あれらの自由すべてを廃止した秩序の友も、そのすべての確定を要求した民主主義者も、両方ともが今後はまったく当然のことながら、憲法を引き合いに出すのである。すなわち、憲法のどの条文も、自分自身のうちにそれ自身の反対命題、それ自身の上院と下院を、つまり一般的な決まり文句の中には自由を、傍注の中には自由の廃止を、含んでいるのである。したがって、自由という名前が尊重され、その現実の執行が阻害されているにすぎないのであるかぎり、法律的やり方に熟練すれば、自由の通常の存在がどんなにひどく打ち倒されていようと、その憲法上の存在は、侵害されていないのであった[*8]。

ひじょうに工夫を凝らしたやり方で不可侵とされたこの憲法は、それでもアキレスのように一点の急所が、踵にではなく、頭にあった。あるいはむしろ、憲法がそこで迷子になる二つの頭——一方の立法議会、他方の大統領——にあった。憲法にざっと目を通せば、大統領と立法議会との関係を規定した条文こそが、憲法に含まれる条文のうちで唯一絶対的で、具体的で、矛盾がなく、曲解されえないものであることがわかるだろう。すなわちここでは、ブルジョア共和派にとって、自分自身の安全を保障することが重要だったのである。憲法の第四五条から七〇条までは、国民議会は憲法に則って大統領を罷免することができるが、大統領のほうは憲法そのものを片づけることによってしか国民議会を片づけることができないように、起草されている。したがって、ここでは憲法は、自らを暴力的に破棄するよう挑発しているのである。憲法は、一八三〇年の憲章のように権力の分立を神聖化するだけではなく、それを耐えがたい矛盾にまで拡大している。ギゾーは、立法権力と行政権力との議会での喧嘩を立憲的諸権力のたわむれと呼んだが、それは、一八四八年の憲法ではたえず一か八かの大勝負をしている。一方では、普通選挙権によって選ばれ、再選もありうる七五〇人の人民代表が、支配も解散も分割もできない国民議会を構成している。つまり、立法の全権を受け取り、宣戦、講和、通商条約の締結を最終的に決定し、それだけが大赦権をもち、無休会にすることで舞台の前面をたえず確保している国民議会を、である。他方では、大統領が、国王権力のすべての属性をもち、さらに自分の大臣を国民議会から独立に任免することによって権力を増加させており、執行権力のすべての手段を手中に収め、すべての官職を授けることで、フランスで少なくとも一五〇万人の生活を決定している。なぜなら、これだけ多くの人が、五〇万人の官僚やあらゆる位階の将校に依存しているからである。――さらに大統領は、全武力を統帥しており、個々の犯罪者に恩赦を与え、国民衛兵の職務を停止し、市民によって指名され選挙された県会議員、郡会議員、市町村議会議員を国家参事会の同意を得て罷免する特権をもち、外国とのあらゆる条約の発議と主宰を任されており、議会がつねに舞台の上で怒りっぽく腹立たしい日の光に不断にさらされているのとは違って、エリゼの楽園[*9]で秘密の生活を送りながら、日ごと「兄弟よ、死ななければならない」[*10]と呼びかける憲法第四五条を目にし、心に思い浮かべているのである。「お前の権力は、当選後四年目の麗しい五月の第二日曜日に終わるのだ！　そのとき栄華は終わり、芝居の再度の上演はないし、借金があるのなら、憲法によってお前への支出が決められている六〇万フランですべて返済するよう早めに心がけておけ。もしお前が麗しい五月の第二月曜日にクリシー送り[*11]になりたくないのならば！」――憲法はこのように大統領にはあらゆる実際的権力を与えるのだが、国民議会には道徳的な力を確保しようとする。法律の条文によって道徳的な力を創造するのは不可能であることは別としても、憲法は、大統領をすべてのフランス人の直接選挙権によって選出させることで、ここに再び自分自身［憲法］を破棄する。フランスの投票が国民議会の七五〇人のメンバーに分散するのに対して、それはここでは一人の個人というものに集中する。個々の人民代表はただ特定の党派、特定の都市、特定の橋頭堡だけを代表するか、あるいはまた、事態も人物も十分には見極めないでお好みの七五〇人を選ぶという必要性だけを代表するかであるのに対して、大統領は国民から選ばれたる者であり、彼を選ぶ行為は、主権をもつ人民が四年に一度だけ出す最後の切り札である。選ばれた国民議会は、国民に対して形而上的［抽象的］な関係にあるが、選ばれた大統領は、国民に対して個人的な関係にある。国民議会は、その個々の代表において国民精神の多様な側面を具現しているが、大統領においては国民精神が受肉している。大統領は国民議会に対して一種の神の権利をもつのであり、人民の恩寵によっているのである。

海の女神テティスはアキレスに、彼は青春の全盛期に死ぬだろうと予言した。アキレスと同じように弱点をもつ憲法もやはり、アキレスと同じように、自分は早死にするにちがいないと予感していた。憲法制定中の純粋共和派にとって、自分たちの偉大な立法的芸術作品の完成が近づくにつれて、王政支持者やボナパルト主義者や民主主義者や共産主義者の思い上がりや、自分たち自身の不評が日ごとにどれほど高まっているかを知るためには、彼らの理想の共和国という雲の上から俗世界を一瞥するだけで十分だった。そのためにテティスが海から上がって彼らに秘密を知らせるまでもなかった。彼らは、憲法第一一一条によって立憲的に抜け目なくこの恐ろしい運命を欺いて逃れようとした。それによれば、憲法改正のためのあらゆる動議は、一カ月以上の間をおいて三回継続的な審議にかけなければならず、投票の四分の三以上が賛成しなければならず、しかも国民議会の五〇〇人以上の議員の参加が前提とされていた。純粋共和派は、自分たちが議会内少数派となることを予言者のように内心で認めていたので、この条文によって、そうなってもなお権力を振るうことができるよう試みたのだが、それはむなしい努力にすぎなかった。この権力は、彼らが議会内多数派を手中にし、統治権力のあらゆる手段を意のままにできていたその瞬間にも、彼らの弱々しい手から日ごとますます抜け出ていたのである。

最後に憲法は、メロドラマ的な条文で、自分の身を「フランス人民全体ならびに個々のすべてのフランス人の警戒心と愛国心」[*12]にゆだねているが、それは、その前にすでに別の条文で「警戒心をもつ者」と「愛国心をもつ者」とを、特にそのために憲法によって発明された重罪裁判所「高等法院（オート・クール）」の繊細で仮借のない心づかいにゆだねた後でのことである。

これが一八四八年の憲法だったのだが、それは、一八五一年一二月二日に一つの頭「大統領」によってひっくり返されたのではなく、一つのただの帽子に触れただけでひっくり返ったのである。もっともこの帽子は、三角形のナポレオンの帽子だったけれども。

ブルジョア共和派が議会の中でこの憲法についてあれこれ考えをめぐらせ、議論し、投票している間に、議会の外ではカヴェニャックがパリの戒厳令を維持していた。パリの戒厳令は、共和制の陣痛に苦しむ憲法制定議会の産科医だった。憲法が後には銃剣によって始末されるとすれば、それがすでに胎内にいるうちからまさに銃剣によって、しかも人民に向けられた銃剣によって庇護され、銃剣によって誕生させられなければならなかった、ということを忘れてはならない。「誠実な共和派」の先祖たちは、彼らのシンボルである三色旗にヨーロッパ中をめぐり歩かせた。彼らは彼らなりに一つの発明もしたのであって、それは自分で大陸全体をめぐる道を見つけたが、たえず新たにフランスへの愛を募らせて帰ってきて、ついにいまではフランスの半分の県で市民権を取得している――それが戒厳令である。フランス革命が進む中で引き続いて起こる危機のたびに定期的に用いられた、すばらしい発明である。しかし、兵営と露営が、脳髄を締めつけておとなしい人間にさせるためにフランス社会の頭の上にこのように定期的におかれ、サーベルと小銃が、定期的に裁判と行政、保護監督と検閲、警察権の行使と夜警の勤務を遂行させられ、口ひげと軍服が、定期的に社会の最高の知恵および社会の救い主だと吹聴されると、——兵営と露営、サーベルと小銃、口ひげと軍服は、ついには、自分自身の統治を最高のものだと宣言し、自分で統治する苦労から市民社会を完全に解放してやることで、むしろ社会をきっぱりと救うほうがいい、と思いつくにちがいなかったのではないだろうか。兵営と露営、サーベルと小銃、口ひげと軍服は、増大した功績に対してよりよい現金支払いも期待できるとなれば、それだけいっそうこう思いつくにちがいなかった。それに対して、いずれかのブルジョア分派の命令でたんに定期的に戒厳令を布告して一時的に社会を救うだけでは、何人かの死傷者と何人かの友好的な市民のしかめ面以外には、中身のあるものはほとんど何も手に入らないのだから。軍隊が、ついにまたも自分自身の利害関係で自分自身のために戒厳令を演じ、同時に市民の証券取引所の周りに群がるのは、当然ではなかっただろうか。それはそうと、ついでに述べておくが、カヴェニャックの下で一万五〇〇〇人の反乱者を判決なしで流刑にした、あの同じ軍事委員会委員長のベルナール大佐が、この瞬間［一八五二年一月］にも再びパリで活動中の軍事委員会の先頭に立って動いていることを、忘れてはならない。

誠実な共和派、純粋共和派が、パリの戒厳令によって、一八五一年一二月二日の親衛隊[*13]が大きく育つことになる養成所を設置したとすれば、彼らが他方では、ルイ＝フィリップ治下でそうしたように国民的感情を誇張する代わりに、国民の力を意のままにしなければならない今になって、むしろそうすることを放棄し、イタリアを自ら占領する代わりに、オーストリア人とナポリ人がイタリアを再び占領するのを許したのは称賛に値する。[*14] 一八四八年一二月一〇日のルイ・ボナパルトの大統領への選出が、カヴェニャックと憲法制定議会の独裁を終わらせた。

憲法第四四条には、「フランス共和国大統領は、フランス市民としての資格を失ったことのある者であってはならない」と書いてある。フランス共和国初代大統領、L［ルイ］・N［ナポレオン］・ボナパルトは、フランス市民としての資格を失ったことがあるだけでなく、イングランドの特別警官だったことがあるばかりか、さらに帰化スイス人でもあった。[*15]

私は、別のところで一二月一〇日の選挙の意義について展開した。[*16] ここではそれには立ち戻らないでおく。ここでは、その選挙が、二月革命の費用を払わなければならなかった農民の、国民のその他の諸階級に対する反動、都市に対する農村の反動だった、と言えば十分である。この選挙結果は、『ナシオナル』の共和派が栄誉も手当も世話してやらなかった軍隊の内部で、ボナパルトを君主制にかかる橋として歓迎した大ブルジョアジーの間で、彼をカヴェニャックに対する罰として歓迎したプロレタリアートと小市民の間で、大きな共感を得た。農民とフランス革命との関係については、後でもっと詳しく立ち入ることにしよう。

一八四八年一二月二〇日から一八四九年五月の憲法制定議会の解散までの時期は、ブルジョア共和派の没落の歴史である。[*17] 彼らは、ブルジョアジーのために共和国を建設し、革命的プロレタリアートを敷地から追い出し、民主派小市民をさしあたりは黙らせた後、彼ら自身が、この共和国を正当にも自分の所有として押収するブルジョアジー大衆によって押しのけられる。この大ブルジョアジーは、しかし王政支持者だった。その一部である大地主は、王政復古の下で支配していたので、正統王朝派だった。他の一部である金融貴族と大工業経営者は、七月王政の下で支配していたので、オルレアン朝支持派だった。軍隊、大学、教会、法曹界、アカデミー、出版界の大物たちは、割合は異なるにしても、両派に分かれていた。ブルボンという名でもオルレアンという名でもなく、資本という名をつけたこの市民的共和国のうちに、彼らは、自分たちが共同で支配できる国家形態を見いだした。すでに六月反乱が、彼らを「秩序の党」へと結集させていた。いまさしあたり問題なのは、まだ国民議会の席を守っていたブルジョア共和派の一派を排除することだった。この純粋共和派は人民に対しては残虐に物理的暴力を行使したのだが、いまや執行権力と王政支持者に対して自分たちの共和派魂と立法権力を守り通すことが問題になると、彼らは、かつて残虐であった分、逆にそれだけいっそう臆病で元気なく、気落ちし打ちひしがれて、闘う力もなく退却してしまった。ここで彼らの解体の不名誉な歴史を物語るまでもないだろう。それは没落ではなく消滅であった。彼らの歴史は最終的に演じ終えられたのであり、次の時代には、議会の中であろうと外であろうと、彼らはただ思い出という役を演じるにすぎない。共和制というたんなる名前が再び問題となり、革命的衝突が最低水準に落ちぶれそうになるたびに、すぐに再び蘇るように見える思い出として。ついでに言えば、この党派に名前を与えた新聞『ナシオナル』は、次の時代には社会主義に転向する。

憲法制定の時代、あるいはフランス共和国の建設の時代は、したがってさらに三つの時期に区分される。一八四八年五月四日から六月二四日まで。ブルジョア共和派の指導下で二月に結集した諸階級とその付属物の、プロレタリアートに対する闘争、プロレタリアートの実りある敗北。一八四八年六月二五日から一八四八年一二月一〇日まで。ブルジョア共和派の支配、憲法の起草、パリの戒厳令、カヴェニャックの独裁。一八四八年一二月二〇日から一八四九年五月末まで。ボナパルトと秩序党の共和派憲法制定議会に対する闘争、憲法制定議会の敗北、ブルジョア共和派の没落。[*18]

この時代を終わりにする前に、もう一度二つの勢力を振り返って見ておかなければならない。そのうちの一つが一八五一年一二月二日にもう一つを壊滅させたのだが、一八四八年一二月二〇日から憲法制定議会の退場までは、この二つの勢力は夫婦関係にあった。つまり、一方はルイ・ボナパルトであり、他方は提携した王政支持派、秩序党、大ブルジョアジーの党派のことである。大統領に就任すると、ボナパルトはすぐに秩序党の内閣を組閣し、オディロン・バロを首相に据えた。注意してほしいが、議会内ブルジョアジーの最も自由主義的な分派［オルレアン左派］のかつての指導者を、である。バロ氏は、一八三〇年以来大臣の黒い影に追いまわされてきて、ついにそれを仕留めたのだが、もっとすごいことに、この内閣の首班を仕留めたのである。しかし、彼がルイ＝フィリップ治下で空想していたように、議会内野党の最も進歩的な指導者としてではなく、議会を抹殺するという任務をもち、そして彼の不倶戴天の敵であるイエズス会士や正統王朝派との同盟者として、であるが。彼はついに花嫁を迎えたが、それは彼女が身を売ってしまった後でのことだった。ボナパルト自身は表向きは完全に姿を消していた。例の党派［秩序党］が彼の代わりに行動した。

最初の閣議ですぐにローマ出兵が決定されたが、これは国民議会の知らないところで実行すること、そのための財源は、国民議会から偽りの口実でひったくることが取り決められた。

こうして、国民議会に対する詐欺と、革命的ローマ共和国に対する外国の絶対主義的諸勢力との秘密の共同謀議が開始された。ボナパルトは、これと同じやり方で、同じ策略で、王政派の立法議会とその立憲共和国とに対する一二月二日の不意打ちを準備した。一八四八年一二月二〇日にボナパルトの内閣を組閣したのと同じ党派が、一八五一年一二月二日に立法国民議会の多数派を形成していたということを、忘れないでおこう。

憲法制定議会は八月に、憲法を補完するはずの一連の有機的な法律全部を仕上げて公布しないうちは解散しないことを決議していた。秩序党は一八四九年一月六日に、ラトーという議員を通じて、有機的法律は放っておいて、むしろ憲法制定議会自身の解散を決議することを憲法制定議会に提案した。オディロン・バロを首班とする内閣だけでなく、国民議会の王政派の全議員が、この瞬間に国民議会に対して横柄にこう呼びかけた。信用を再建し、秩序を強化し、不確定な暫定措置を終わらせて確固とした状態を建設するためには、国民議会の解散がどうしても必要なのであって、国民議会は新政府の生産性を阻害し、たんなる恨みから自分の存在を長引かせようとしているが、国中が国民議会にはうんざりしているのだ、と。ボナパルトは、立法権力に対するこれらの誹謗をすべて丸暗記し、一八五一年一二月二日に議会の王政派に対して、自分が彼らからそのやり方を習ったことを立証した。つまりボナパルトは、王政派に向かって、彼ら自身の台詞をくりかえしてみせたのである。

バロ内閣と秩序党はもっと先まで進んだ。彼らは、フランス中に国民議会への請願を呼び起こしたが、それらは国民議会に解散し、消えてなくなるよう、きわめて友好的に請い願っていた。こうして彼らは、憲法に従って組織された人民の表現である国民議会に対して、人民の全体との結びつきをもたない大衆を煽り立てたのである。彼らはボナパルトに、議会から離れて人民に訴えることを教えた。ついに一八四九年一月二九日、憲法制定議会が自分自身の解散を決議する日がきた。国民議会は、議場が軍隊に占領されているのを見いだした。国民衛兵と常備軍の最高指揮権を一手に掌握していた秩序党の将軍シャンガルニエは、まるで戦闘が差し迫っているかのように、パリで大がかりな閲兵式を催し、王政派連合は、憲法制定議会を脅迫して、自発的に解散しないのなら、暴力が用いられるだろうと公言した。憲法制定議会は言うことを聞き、ほんの短期間の猶予を交渉して得ようとしたにすぎなかった。この一月二九日が一八五一年一二月二日のクーデタと違っていたのは、ボナパルトと一緒に王政派が共和派の国民議会に対しておこなった、ということだけである。ボナパルトがすでに、軍隊の一部をテュイルリ宮の前で分列行進させて閲兵するために一八四九年一月二九日を利用し、そしてカリグラ[*19]をほのめかすために、議会権力に対する軍事力のこの最初の公然たる動員をうまく利用したということに、紳士諸君は気づかなかったか、あるいは気づきたくなかった。彼らはもちろん自分たちのシャンガルニエしか見ていなかったのである。

秩序党がことさらに憲法制定議会の寿命を力ずくで縮める気になった動機は、教育法、礼拝法などの有機的に関連する、憲法を補完する法律だった。王政派連合にとって、これらの法律を自分たちで作り、信用できなくなった共和派には作らせないことに、すべてがかかっていた。しかしながら、これらの有機的法律の中には、共和国大統領の責任についての法律もあった。一八五一年に立法議会がまさにそのような法律の起草に携わっていたときに、ボナパルトは一二月二日の不意打ちによってこの不意打ちの機先を制したのである。もし王政派連合が一八五一年の議会での野戦の際に、すでに出来上がった責任法を、しかも、信用できない憎らしい共和派議会によって作成された責任法をもっていたとしたら、それとひきかえにどれほどの代価を支払ったことだろうか。

一八四九年一月二九日に憲法制定議会が最後の武器を自ら破壊してしまってからは、バロ内閣と秩序の友は議会をやたらに追い詰め、議会に屈辱を与えることができるなら何にでも手をつけ、自分自身に絶望している議会の弱さにつけ込んで、公衆から受ける尊敬の最後の一片までも失わせる法律を「議会から」奪い取った。ボナパルトは、ナポレオン的固定観念*[20]

にいそしんでいたので、議会権力のこの名誉毀損を公然と利用しつくすだけの図々しさがあった。すなわち、一八四九年五月八日に国民議会が、ウディノによるチヴィタヴェッキア占領を理由とする非難決議を内閣に与えて、ローマ派兵をその名目上の目的に立ち返らせるよう命じたとき、ボナパルトは、その日の夕方の『モニトゥール』[*21]にウディノへの手紙を発表し、その中で、ウディノの英雄的行為の幸運を祈り、杓子定規な議員たちとすでに対照的に、おおらかな軍隊の保護者であるかのように振る舞った。[*22]王政派はそれを冷笑した。彼らはボナパルトをたんに自分たちにとってだましやすい人物だと思っていた。ついに、憲法制定議会議長のマラストが一瞬の間、国民議会の安全が危機にさらされていると信じ、憲法を拠りどころとして、連隊を率いた一人の大佐に出動を要請すると、その大佐はきっぱりと断り、軍規を引き合いに出して、マラストにシャンガルニエのところに行くように言った。シャンガルニエは、自分は利口な銃剣は好きではないと述べて、嘲笑しながらマラストを追い返した。一八五一年一一月に王政派連合がボナパルトとの決戦を始めようとしたとき、彼らは、きわめて評判の悪い監査委員法案の中で、国民議会議長によって軍隊を直接に徴用するという原則を通過させようとし、大げさに演じようとさえした。彼らの将軍の一人であるル・フローが、この法律提案に署名していた。シャンガルニエがこの提案に賛成投票し、ティエールがかつての憲法制定議会の用意周到な知恵に敬意を表したが、無駄だった。陸軍大臣サン＝タルノーはこの提案に対して、マラストに対してシャンガルニエが答えたのと同じように、答えた。しかも――モンターニュ派の喝采を浴びながら[*23]。

このように秩序党自身が、彼らがまだ国民議会ではなく、まだ内閣でしかなかったときに、議会政権に烙印を押していたのである。そしてその秩序党が、一八五一年一二月二日が議会政権をフランスから追放するとなると、悲鳴をあげるのだ！

議会政権に道中の無事を祈ろう。

第三章

一八四九年五月二八日に立法国民議会が開会した。一八五一年一二月二日にそれは粉砕された。この時代が、立憲共和制あるいは議会的共和制の生存期間である。それはさらに三つの主な時期に分かれる。[*1] 一八四九年五月二八日から一八四九年六月一三日まで。民主派とブルジョアジーの闘争、小市民的あるいは民主的党派の敗北。——一八四九年六月一三日から一八五〇年五月三一日まで。ブルジョアジーの、すなわちオルレアン派と正統王朝派の連合の、あるいは秩序党の議会による独裁。普通選挙権の廃止によって完成される独裁。——一八五〇年五月三一日から一八五一年一二月二日まで。ブルジョアジーとボナパルトの闘争、ブルジョア支配の崩壊、立憲共和制あるいは議会的共和制の没落。

第一次フランス革命では、立憲派の支配にジロンド派の支配が、そしてジロンド派の支配にジャコバン派の支配が続いた。これらのどの党派も、より進んだ党派に支えられていた。

どの党派も、革命を遠くまで導きすぎて、もはや革命についていくことも、まして革命の先頭に立つこともできなくなると、すぐさま背後のもっと大胆な同盟軍によって押しのけられ、ギロチン[*2]に送られる。革命は、こうして上昇線を描いて進んでいく。

一八四八年の革命は逆である。プロレタリアの党は小市民的民主派の党の付録であるように見える。それは、四月一六日、五月一五日、そして六月の日々に小市民的民主派の党に裏切られ、見捨てられる。民主党は民主党で、ブルジョア共和派の党の肩に寄りかかる。ブルジョア共和派は、かろうじて足元が固まったと思ったら、すぐさま重荷になる同志を払い落とし、自分自身は秩序党の肩にもたれる。秩序党は肩をすぼめてブルジョア共和派をひっくり返らせ、自分自身は武装権力の肩にしがみつく。秩序党がまだ武装権力の肩につかまっているつもりでいると、ある晴れた朝、肩が銃剣に変わってしまっているのに気づく。どの党派も、前に突き進む党派に背後から襲いかかり、後戻りする党派に前から寄りかかる。あらゆる党派がこんなこっけいな姿勢をしてバランスを失い、仕方がなしに顔をしかめてから、風変わりなカプリオール[*3]をして崩れ落ちるのも、不思議はない。革命はこうして下降線を描いて進み、二月の最後のバリケードが撤去されて最初の革命政権が樹立される前に、すでに革命はこの後戻りを始めている。

　われわれが目にしている時代は、はなはだしい矛盾の最も混乱した混合物である。憲法に対して公然と陰謀を企てる立憲派、立憲派だと自分で申し立てている革命派、全能でありたいのにつねに議会制の制約のうちにとどまっている国民議会。辛抱強さで評判を得、未来の勝利を予言することによって現在の敗北を受け流すモンターニュ派。共和国の元老院最高位メンバーを構成し、状況に強いられて、国外では自分たちの信奉する敵対しあう王家を支持し、フランスでは自分たちが憎悪する共和国を支持せざるをえない王政派。自分の弱さそのものに自分の力を見つけ、自分が抱かせた軽蔑を自分の尊敬すべき点だと考える執行権力。王政復古と七月王政という二つの君主制の下劣さを合成し、帝国主義的なラベルを貼ったものにほかならない共和制。――その第一のただし書きが分離である結合。その第一の法則が勝敗のないことである闘争。平穏の名において無内容なアジテーションがむなしくおこなわれ、革命の名において厳かに平穏が説教される。真実なき情熱、情熱なき真実。英雄的行為をしない英雄、事件の起きない歴史。カレンダーがその唯一の原動力であるように見える発展は、同じ緊張と弛緩をたえずくりかえすことでひとを疲れさせる。周期的に自らを絶頂へと駆り立てるように見える対立は、その結果、ただ鈍くなりしぼんでいくだけで、解消されることはない。もったいぶって見せびらかされる努力や、世界が没落する危険に対する市民的な驚き、それと同時に救世主たちによってきわめてけちくさい陰謀や宮廷喜劇が上演されるのだが、それはその奔放さ（レッセ・アレ）において、最後の審判の日というよりもフロンドの時代を思い出させるものである。[4] ――フランスの公認の天才全体が、たった一人の個人の抜け目のない愚かさによってつぶされる。国民の全体意志は、普通選挙権という形であまりにしばしば自らを表明するうちに、大衆の利益の古びた敵のうちに自らにふさわしい表現を探し求めるようになり、ついには一人のカリブの海賊の個性的意志のうちにその表現を見いだすことになる。とにかく灰色に灰色を重ねて描かれた歴史の一こま[5]があるとすれば、これこそがそれである。人間も事件も、あべこべのシュレミール[6]として、すなわち肉体を失った影として、現れる。革命そのものが、自分自身の担い手を麻痺させて、自分の敵だけに熱狂的な暴力行為をさせておく。「赤い幽霊」[7]が、反革命派によってたえず目覚めさせられ、呼び出され、調伏されて、ついに出現したときには、それは無政府的なフリュギア帽[8]を頭にかぶってはおらず、秩序の制服を着て、赤いキュロットをはいて現れたのである。

ボナパルトが一八四八年一二月二〇日の彼の昇天［大統領就任］の日に任命した内閣が、秩序党の、つまり正統王朝派とオルレアン派の連合の内閣だったことは、すでに見た。このバロ＝ファルー内閣は、共和派の憲法制定議会を越冬させ、といっても憲法制定議会の寿命を多かれ少なかれ無理やりに縮めたのはこの内閣なのだが、自らはまだ権力の座にあった。連合王政派の将軍シャンガルニエは、第一師団［パリの防衛を担当する常備軍］とパリの国民衛兵双方の指揮権を引き続き彼自身のうちに一体化しており、最後に普通選挙は、秩序党に対して国民議会の圧倒的多数派を確保してやっていた。国民議会では、ルイ＝フィリップ［時代］の下院議員と貴族たちが正統王朝派の信心深い一群と遭遇したのだが、後者は、国民の投票用紙の多数が彼らにとって政治的舞台への入場券に変わった後で、自分たちの隠れ家から出てきたのであった。ボナパルト派の人民代表は、独立の会派を形成するには、まばらすぎた。けれども彼らの存在は、共和派の戦力に対抗する兵力総点検の際に数に入れてもらうには、十分だった。[*9] 彼らは、秩序党の出来の悪い尻尾として現れたにすぎない。こうして秩序党は、政権、軍隊、立法機関を、つまり国家の全権力を手に入れており、彼らの支配を人民の意志として現れさせた普通選挙によって、そしてヨーロッパ大陸全体で反革命が同時に勝利したことによって、[*10] 道徳的に強化されていた。

一つの党が、これほど大きな手段をもって、これほど有利な後援を受けて、作戦行動を開始したことは、これまでになかった。

難破した純粋共和派は、立法国民議会では五〇人ほどの徒党に縮小してしまったことに気づいたが、その先頭は、カヴェニャック、ラモリシエール、ブドーといったアフリカの将軍たちであった。しかし、一大野党がモンターニュ派によって形成された。この議会内の洗礼名は、社会＝民主派の党が自らに与えたものであった。この党派は、国民議会の七五〇議席のうちの二〇〇以上を手中にしていたので、少なくとも秩序党の三つの分派のそれぞれどの一つとも同じくらい強力だった。モンターニュ派が王政派連合全体に対しては相対的に少数派だったことは、特別な事情によって埋め合わせられているように思われた。県の選挙が、彼らが農村住民の間に多大の支持者を獲得していたことを示した、というだけではない。パリ選出議員のほとんどすべてがこの党派に属しており、軍隊は三人の下士官を選出することによって民主派への信仰告白をおこない、モンターニュ派の指導者ルドリュ＝ロランは、秩序党のすべての代議士とは異なり、五つの県が投票を彼に集中したことによって、議会の中の貴族身分に上昇していた。したがってモンターニュ派は、一八四九年五月二九日には、王政派同士の衝突や秩序党全体とボナパルトとの衝突が避けられない状況の中で、成功のすべての要素を手にしていたように見えた。「ところが」一四日後にはモンターニュ派は、名誉も含めてすべてを失っていた。[*11]

引き続いて議会の歴史を追う前に、われわれが前にしている時期の性格全体についてのよくある思い違いを避けるためにいくつかの注意が必要である。民主派の見方では、立法国民議会の時代を通じて重要なのは、憲法制定議会の時代に問題だったとのと同じく、共和派と王政派との単純な闘争だった。さらに運動そのものを、彼らは一つの見出し語に要約する。「反動」、すなわちすべての猫が灰色に見える夜[*12]であり、それが彼らに、いかにも夜警らしい言い古された決まり文句を棒読みにするのを許すのである。たしかに一見したところでは、秩序党は、王政派の異なる諸分派の雑然とした集団に見える。それらは、おのおの自分自身の王位請求者を王座に昇らせるために、互いに陰謀を企んでいるだけでなく、「共和派」に対する共通の憎悪と共通の攻撃で、みな一つにまとまっている。モンターニュ派はモンターニュ派で、この王政派の陰謀に対立して、「共和派」の代表者として現れる。秩序党はたえず「反動」に従事しているように思われるのだが、この反動は、オーストリア[*13]におけるのと同じようにちょうど同じように出版、結社等々に向けられ、そしてオーストリアにおけるのと同じように、官僚制と軍と法廷の残忍な警察的干渉として執行される。「モンターニュ」派のほうも、人民の党と呼ばれるどの党も一五〇年来多かれ少なかれおこなってきたのとまったく同じように、この攻撃をかわし、そうして「永遠の人間の諸権利」を擁護することにたえず従事している。しかしながら、この状況と諸党派をもっと詳しく観察すれば、これらのうすっぺらな外見は消え去る。この外見が、階級闘争とこの時代に固有な容貌を隠蔽し、それを素人政談をする政治家や共和主義者にとって、いわば宝の埋まった鉱山にしているのである。

正統王朝派とオルレアン派が、すでに述べたように、秩序党の二大分派を形成した。これらの分派を彼らの王位請求者にしがみつかせ、お互いを区別させたのは、百合［ブルボン家の紋章］と三色旗、ブルボン家とオルレアン家、王朝主義の色合いの違い以外にはなかったのだろうか。そうさせたのは、そもそも王朝主義の信仰告白だったのだろうか？　ブルボン家の下では、大土地所有が自分の坊主や召使いを従えて統治し、オルレアン家の下では、財界、大工業、大商業、すなわち資本というものが、弁護士、教授、おべっか使いをお供に引き連れて統治する。正統なる王権は、土地貴族たちの先祖伝来の支配のたんなる政治的表現にすぎず、同様に七月王政は、市民的成り上がりが奪い取った支配の政治的表現にすぎなかった。したがってこれらの分派を区別するものは、いわゆる原理ではなく、それぞれの物質的生存条件、二つの所有の種類の違いであり、都市と農村との昔からの対立、資本と土地所有との対抗関係であった。同時に、昔の記憶、個人的な敵意、悪い予感と希望、偏見と幻想、共感と反感、確信、信仰箇条、原理といったものが、彼らを一方のあるいは他方の王家に結びつけたということを、誰が否定するだろうか？　所有の、つまり生存条件の異なる形態の上に、独自に形作られた異なる感性、幻想、思考様式、人生観といった上部構造全体がそびえ立つ。階級全体が、自らの物質的基礎から、そしてこの基礎に対応する社会的諸関係から、それらを創造し、形作る。それらは伝統と教育を通して個々人に注ぎ込まれるので、彼は、それらが自分の行為の本来の動因であり出発点をなすものだと思い込むこともありうる。オルレアン派も正統王朝派も、どちらの分派も、彼らの二つの王家への愛着が彼らを分離させたのだと、自分自身にも他人にも信じさせようとしたが、むしろ利害の分裂が二つの王家の一体化を許さなかったのだということを、後に事実が証明した。そして、私生活においては、ある人間が自分について考えたり言ったりすることと、彼が現実にどういう人間で何をするかということとは、区別されるのと同じように、歴史的闘争においてはそれ以上に、諸党派の決まり文句や思い込みと、彼らの現実の組織や現実の利害とは区別されなければならないし、彼らの想像と彼らの現実とは区別されなければならない。オルレアン派と正統王朝派は、共和国の中でお互いが同じ要求をもって並んでいることを知った。どちらの側も相手に対して、自分たちの王家の王政復古を押し通そうとしていたとすれば、それが意味するのは、ブルジョアジーの自己分裂である二大利害——土地所有と資本——が、どちらも自分自身の優位と他方の従属を復古させようとしていた、ということにほかならない。われわれはブルジョアジーの二大利害を話題にしているのだが、というのは、大土地所有は、その封建的な思わせぶりや人種的自尊心にもかかわらず、近代社会の発展によって完全に市民化されていたからである。同じようにイングランドのトーリー党も、自分たちは王権と教会と古来のイングランド憲法の立派さとを熱愛していると長い間思い込んでいたのだが、それは危機の日が彼らに、自分たちはただ地代を熱愛しているにすぎないと告白させるまでのことだった。[*14]

王政派連合は、議会の外では、新聞で、エムスで、クレアモントで、お互いに対して陰謀をもてあそんだ。[*15]楽屋裏では、彼らは古めかしいオルレアン朝や正統王朝のお仕着せを再び身につけ、古めかしい馬上試合を再演した。しかし、表舞台の国事行為[*16]では、議会の大政党としての彼らは、自分たちの尊敬する王家をたんなる敬礼で片づけて、王政復古を無期限に延期し、そして秩序党として、すなわち、政治的肩書でではなく社会的肩書で、遍歴する姫君たちの騎士としてではなく、市民的世俗秩序の代表者として、共和派に敵対する王政派としてではなく、他の階級に敵対するブルジョア階級として、現実の仕事を片づけるのである。そして秩序党としての彼らは、王政復古の下でも七月王政の下でもできなかったほどの無制限で苛酷な支配を、社会の他の諸階級に対しておこなったのだが、それはそもそも議会的共和制という形態の下でのみ可能なものだったのである。なぜなら、この形態の下でのみ、フランスのブルジョアジーの二大部門が一体化し、彼らのうちの特権的一分派の政権ではなく、彼らの階級の支配を、議事日程に組み込むことができたのだからである。それにもかかわらず、ブルジョアジーが秩序党としてもやはり共和制を侮辱し、共和制に対する敵意を表明したとすれば、それは王政派の記憶のためだけではなく、次のようなことを直感したからである。すなわち、共和制という形態はたしかに自分たちの政治的支配を完成し、よそよそしい外観をすべてはぎ取るが、しかし、その結果、彼らは、仲裁なしに、王冠という隠れ場所なしに、彼ら相互間の、そして王権との副次的な闘争によって国民的関心を別の方向に向けることもできずに、屈服させた諸階級と対立し、それらと格闘しなければならなくなるので、それによって共和制は同時に自分たちの社会的基礎を掘り崩すことになる、ということである。ブルジョアジーが共和制に対する敵意を表明したのは弱さのためであって、その弱さが彼らに、自分自身の階級支配の純粋な諸条件を前にして恐ろしさに後ずさりさせ、もっと不完全で未発達で、それだけ危険の少ない階級支配の形態に戻りたいと思わせたのである。それに対して、王政派連合は、自分たちに対立する王位請求者との、つまりボナパルトとの闘争に入り込むたびに、自分たちの議会の全能が執行権力によって危うくされていると信じ込むたびに、したがってまた自分たちの支配の政治的肩書を強調しなければならなくなるたびに、王政派としてではなく、共和派として登場する。国民議会に対して、共和制こそ国民議会を分裂させることが最も少ないのだと呼びかける、オルレアン派のティエールから、一八五一年一二月二日に三色の肩帯を巻きつけ、第一〇区の区役所前に集まった民衆に、共和国の名において護民官として長広舌をふるう、正統王朝派のベリエにいたるまで。もっとも、彼に対してからかうようにこだまが答える。アンリ五世！　アンリ五世！と。

連合したブルジョアジーに対抗して、小市民と労働者の連合が形成されていた。いわゆる社会＝民主派の党である。小市民は、一八四八年六月の日々の後にきちんと報酬を与えられず、自分たちの物質的利益が危うくされ、これらの利益の実現を確保するはずの民主的保証が反革命によって疑問視されるのを見てきた。だから彼らは労働者に接近した。他方では、彼らの議会での代表、モンターニュ派は、ブルジョア共和派の独裁の間は無視されていたが、憲法制定議会の生存期間の後半には、ボナパルトや王政派の大臣との闘争によって、失われていた人気を奪還していた。モンターニュ派は、社会主義者の指導者たちと同盟を結んでいた。一八四九年二月に和解の宴会が催された。共同綱領が起草され、共同の選挙委員会が設立され、共同の候補者が立てられた。プロレタリアートの社会的諸要求は、革命的な要点が取り払われて、民主的な言い回しが与えられ、小市民の民主的諸要求は、政治的な形式にすぎないものがはぎ取られて、その社会主義的な要点が強調された。こうして社会＝民主党が成立した。この結合の成果である新しいモンターニュ派は、労働者階級出身の何人かの端役と社会主義的分派の何人かを別にして、昔のモンターニュ派と同じ構成要素を含んでおり、ただ数が増えただけであった。しかし、発展の過程で、この党派は自分が代表する階級とともに変化していた。社会＝民主党の本来の性格は、要約すればこういうことである。つまり、資本と賃労働という二つの極をともに止揚するためではなく、それらの対立を和らげて調和へと変換させるための手段として、民主的＝共和制的諸制度が要求されるのである。この目的を達成するためにどのように異なる諸方策が提案されようと、この目的が多かれ少なかれ革命的な表象でどのように飾りつけられようと、内容は同じままである。この内容は、民主的方法での社会の改造であるが、小市民の枠内での改造である。小市民は原理的に利己的な階級利害を貫徹しようとするものだというような、視野の狭い思い込みをしてはいけない。彼らはむしろ、自分たちの解放の特殊な諸条件は普遍的な諸条件であり、その内部でのみ、近代社会は救われ、階級闘争は避けられるのだ、と信じているのである。同様に、民主派の議員たちはみな商店主であるか、あるいは商店主を熱愛している、と思い描いてもいけない。彼らは、その教養と知的状態からすれば、商店主とは雲泥の差がありうる。彼らを小市民の代表にした事情とは、小市民が実生活において超えない限界を、彼らが頭の中で超えない、ということであり、だから物質的利害と社会的状態が小市民を［実践的に］駆り立てて向かわせるのと同じ課題と解決に、民主派の議員たちが理論的に駆り立てられる、ということである。これがそもそも、一つの階級の政治的・文筆的代表者と彼らが代表する階級との関係というものである。

以上の説明からおのずとわかるのは、モンターニュ派が共和制といわゆる人間の諸権利とをめぐって秩序党とたえず格闘しているとしても、共和制も人間の諸権利も彼らの最終目的ではないのであって、それは、武器が奪われようとしていてそれに抵抗している軍隊が、自分自身の武器を保有し続けるために戦場に出ているのではないのと同様だ、ということである。

秩序党は、国民議会が開会されるとすぐにモンターニュ派を挑発した。ブルジョアジーは、一年前に革命的プロレタリアートと決着をつける必要性を了解したのと同じように、いまや民主派の小市民と手を切る必要性を感じた。敵の状況が違っていたにすぎない。プロレタリアの党の強さは街頭にあったが、小市民の強さは国民議会そのものの中にあった。したがって、重要なのは、時間と機会が彼らを強化する前に、彼らを国民議会から街頭へとおびき出し、彼ら自身に自分の議会的権力を破壊させることであった。モンターニュ派は、手綱をゆるめられて全速力で落とし穴に飛び込んだ。

フランス軍によるローマ砲撃が、彼らに投げられたおとりの餌だった。[*17] それは、フランス共和国が他民族の自由に対して戦力を行使することを禁じた憲法［前文］第五条に違反するものであった。それに加えて第四条も、国民議会の同意なしに執行権力が宣戦布告することを禁じており、そして憲法制定議会は五月八日の決議によってローマ出兵への同意を拒んでいた。これらを根拠として、ルドリュ＝ロランは、一八四九年六月一一日にボナパルトと彼の大臣たちに対する告発状を準備したが、ティエールにちくちく刺されて挑発に乗ってしまい、熱狂のあげく、武器を手にしてでも、あらゆる手段で憲法を守る、という脅迫までしてしまった。モンターニュ派は一斉に立ち上がり、この武器の訴えをくりかえした。六月一二日に国民議会は告発状を棄却し、モンターニュ派は議会を去った。六月一三日の事件は周知の通りである。モンターニュ派の一部の宣言が、ボナパルトと彼の大臣たちを「憲法の外に」おくと声明したこと。民主派の国民衛兵の街頭行進が、いつも通り武装せずにいて、シャンガルニエの軍隊と遭遇して四散したこと、などなど。モンターニュ派の一部は外国に亡命し、他の一部はブールジュの重罪裁判所に移送され、一議会規則が残りを国民議会議長の学校教師じみた監視の下においた。[*18] パリには再び戒厳令が布告され、パリの国民衛兵の民主的な部分は解散させられた。こうして議会におけるモンターニュ派の影響力と、パリにおける小市民の権力は粉砕された。

リヨンでは、六月一三日は流血の労働者蜂起に合図を与えたのだが、そこにも周辺五県とともにやはり戒厳令が布告され、いまこの瞬間にもその状態が続いている。[*19]

モンターニュ派の主要部分は自らの前衛を見殺しにした。彼らの宣言への署名を拒絶したのである。新聞は敵前逃亡した。二紙[*20]しか革命への呼びかけを掲載する勇気がなかったのである。小市民は自分の代表を裏切った。国民衛兵は姿を現さなかったか、現れた場合にも、バリケード構築を妨害したのである。代表は小市民をだましていた。軍隊の中にいるといわれていた同志はどこにも見つけることができなかったのである。最後に、民主派の党は、プロレタリアートから力の補助を受ける代わりに、プロレタリアートに自分自身の弱さを伝染させ、そして、民主派の偉業の際にはよくあるように、指導者は彼らの「民衆」の敵前逃亡を責めることで満足し、民衆はその指導者の詐欺を責めることで満足したのである。

モンターニュ派の間近に迫った作戦行動ほど、騒々しく告知された行動はめったになかったし、民主党の不可避の勝利ほど、早くから確定したものとしてラッパの鳴り物入りで吹聴された事件はめったになかった。民主主義者たちがその一吹きでエリコの壁が倒壊したあのラッパを信じているのは、たしかである。[*21] だから彼らは専制政治の壁に直面するたびに、この奇跡をまねしようとする。モンターニュ派が議会で勝利したいのなら、武器を取れと叫んではならなかった。議会で武器を取れと叫んだとしても、街頭では議会でのように振る舞ってはならなかった。平和的なデモンストレーションを本気で考えていたとしても、それが戦闘的に迎えられることを予想しなかったとすれば、ばかげていた。現実に戦うつもりだったとすれば、戦うために不可欠な武器をもたずにいたのは、風変わりなことだった。しかし、小市民とその民主的な代表者の革命的脅迫は、敵をおびえさせようとする試みにすぎなかった。そしてそれが窮地にはまり込んで抜け出せなくなると、それがすっかり信用をなくしてしまって脅迫を実行せざるをえなくなると、目的のための手段だけは回避し、いっしょうけんめいに負ける口実を手に入れようとする、といういかがわしいやり方で、おこなわれるのである。戦いを告知する、高らかに鳴り響く序曲は、戦いが始まるとすぐさま、元気のないぶつぶつ声の中に消え去り、役者はまじめに振る舞うのをやめ、膨らんだ風船を針で突いたときのように、芝居の筋はぺちゃんこにしぼんでしまう。

民主党ほど自分の力量を過大評価する党はないし、軽々しく状況を見誤る党もない。軍隊の一部が彼らに投票すると、モンターニュ派はもう、軍隊が自分たちのために反乱を起こすものと確信してしまった。いったいどういうときに？　軍隊の立場からすれば、革命家がローマの兵士に味方してフランスの兵士に敵対した、という意味しかもたないときに、である。労働者についていえば、一八四八年六月の記憶はまだあまりにも生々しすぎて、国民衛兵に対するプロレタリアートの深い嫌悪も、民主派の指導者たちに対する秘密結社の指導者たちの徹底的な不信も、消えずにいるにちがいないということを、モンターニュ派は知っていなければならなかった。この不一致を埋め合わせるためには、危険にさらされている大きな共通利害が必要だった。抽象的な憲法の条文の一つが侵害されたということで、この利害を提供することはできなかった。民主主義者自身の断言によれば、憲法はすでにくりかえし侵害されていたのではなかったか？　最も人気のある新聞雑誌は、憲法に反革命的な作り物というレッテルを貼ってきたのではなかったか？　しかし民主主義者は、小市民を代表しているので、したがって二つの階級の利害が同時に中和しあっている一つの過渡的階級を代表しているので、自分はそもそも階級対立というものを克服しているのだと思い込んでいる。民主主義者は、一つの特権階級が自分たちに敵対しているが、自分たちは国民の残りの周囲の人々全部とともに人民を形成している、ということを認める。彼らが代表しているのは、人民の権利であり、彼らが関心をもつのは、人民の利益である。だから彼らは、間近に迫った闘争に際して、さまざまな階級の利害と立場の違いを吟味する必要がない。彼らは、自分自身の力量をそれほど悲観的に慎重に考えてみる必要がない。彼らはまさにただ合図を与えればいいのであって、それと同時に人民がそのつきることのない力量のすべてをもって圧制者に襲いかかるのである。実行の中で彼らの利害が関心をそそらないものであり、彼らの権力が無力なものであることが判明したとすれば、それは、不可分の人民をさまざまな敵対する陣営に分裂させた有害な詭弁家たちによるものであるか、そうでなければ、軍隊があまりにも野獣のように残忍になり、理性を失ったので、民主党の純粋な目的が彼ら自身にとって最良のものであることが理解できなくなっていたか、あるいは、実行の際の些細なことが全体を挫折させたか、あるいは、予期せぬ偶然が今回は勝負を無に帰せしめたか、そのいずれかによるものである。いずれにしても民主主義者は、きわめて恥ずべき敗北に陥ったことに責任がないのと同じように、この敗北から非の打ちどころなく抜け出しており、しかも、彼は勝利するにちがいないのであり、彼自身と彼の党は古い立場を放棄する必要がなくて、逆に、諸関係が彼に向かって成熟してくる必要がある、という新たに得られた確信を抱いて立ち直ってくるのである。

だから、人数が削減され、力を殺がれ、新しい議会規則によって屈辱を与えられたモンターニュ派が、すっかり不幸になった、と想像してはならない。議員手当と公的地位は、モンターニュ派の多くにとって、日々新たな慰めの源泉であった。[*22] 六月一三日が指導者たちを除去したとしても、それは他方で下位の能力に席を空けてやったのであって、この新しい地位は彼らをいい気持ちにさせた。議会でのモンターニュ派の無力さにはもはや疑う余地はなかったとしても、彼らにはいまや、自分たちの行為を倫理的憤慨の爆発と騒々しいおしゃべりに限定する正当な理由があった。秩序党が、モンターニュ派には革命の最後の公式な代表として無政府状態のあらゆる恐怖が体現されている、とみなしていることを口実に使ったとしても、モンターニュ派は、それだけいっそう現実には平凡で遠慮深く振る舞うことができた。しかし六月一三日については、彼らはこういう深遠な言い回しで自らを慰めた。しかし普通選挙権をあえて攻撃するならば、そのときには！　そのときには、われわれが何者であるのか、思い知らせてやろう、と。まあ、拝見することにしよう。

外国に亡命したモンターニュ派に関しては、次のことだけ言っておけばここでは十分である。ルドリュ＝ロランは、彼がその先頭に立っていた強力な党派を二週間そこそこで見事に絶望的に破滅させたので、いまやフランス政府を外国で形成する使命を授かったことに気づいた。彼の姿は、遠く離れ、行動の地盤から取り除かれているために、革命の水準が下がり、公式のフランスの公式の大人物たちが矮小化していくその縮尺に応じて、大きさを増しているように見えた。彼は、一八五二年「の大統領選挙」向けの共和派の王位請求者という役割を演じることができた。彼は、ワラキア人[*23]その他の諸民族に対して定期的な回状を公布し、その中で大陸の専制君主たちを彼と彼の同盟者たちの行為でもって脅迫した。プルードンがこれらの諸氏に「諸君はほら吹きにほかならない[*24]」と呼びかけたとき、彼はまったく間違っていただろうか？

　秩序党は、六月一三日にモンターニュ派を粉砕しただけではなく、憲法を国民議会の多数決に従属させることを貫徹した。そして彼らは共和制というものをこのように理解した。すなわち、ブルジョアジーが、君主制におけるように執行権力の拒否権や議会の解散可能性に制限を見いだすことなく、議会という形態で支配すること。これが、ティエールが名づけた意味での、議会的共和制であった。しかし、ブルジョアジーが六月一三日に議事堂内部での彼らの全能を確立したとしても、彼らは、議会の最も人気のある部分を追放することによって、議会そのものを、執行権力や人民に対して、取り返しのつかない衰弱に陥らせたのではなかったか？　ブルジョアジーは、多数の議員をあっさりと裁判所の要請にゆだねることによって、彼ら自身の議会の不可侵性を廃棄した。彼らがモンターニュ派をその下に服させた屈辱的な規則は、個々の人民代表たちを押し下げたのと同じ度合いで、共和国の大統領を押し上げた。ブルジョアジーは、立憲的体制の防衛のための反乱を、無政府的な、社会の転覆を目指した行為だと非難することによって、執行権力が彼らに対立して憲法を侵害しようとする場合に反乱に訴えることを、自分自身に禁じた。歴史の皮肉が望んだのは、ボナパルトの指図でローマを砲撃し、そうして六月一三日の立憲的暴動の直接のきっかけを与えた将軍、そのウディノが、一八五一年一二月二日には秩序党によって、ボナパルトに対抗する憲法の将軍として切実に、そしてむなしく人民に対して推薦されなければならなかった、ということである。六月一三日のもう一人の英雄、ヴィエラは、金融界と関係のある国民衛兵の一隊を率いて民主派の新聞社でおこなった残忍な行動に対して、国民議会の演壇から称賛を得た人物であるが、この同じヴィエラが、ボナパルトの陰謀を打ち明けられて、国民議会の臨終に際して国民衛兵の側からのあらゆる支援を断つことに、主として貢献したのである。

　六月一三日には、もう一つ別の意味があった。モンターニュ派は、ボナパルトの告発を強引に手に入れようとしていた。したがって、彼らの敗北はそのままボナパルトの勝利であり、民主的な敵に対する彼の個人的勝利であった。秩序党が勝利を戦い取り、ボナパルトはそれを取り立てるだけでよかった。彼はそうした。六月一四日にパリの壁で布告を読むことができたが、その中では大統領は、いわば自分は無関係で、気がないながらも、事件の力だけに強いられて、彼の修道院のような隠棲から出てきて、誤解された有徳者として自分の敵の誹謗中傷を嘆き、そして自分の人格を秩序という大義と一致させようとしているように見えながら、むしろ秩序という大義を自分の人格と一致させていた。さらに、国民議会はたしかにローマへの出兵を事後的に承認したけれども、それを提案したのはボナパルトだった。彼は、祭司長サムエルをヴァチカンに再び運び込んだからには、ダヴィデ王として再びテュイルリ宮殿に入居することを期待できた。[*25] 彼は坊主を味方につけていたのである。

六月一三日の暴動は、すでに見たように、平和的な街頭行進だけに限られていた。したがって、それに立ち向かって戦士の月桂冠を獲得することはできなかった。それにもかかわらず、英雄と事件に乏しいこの時代に、秩序党は、流血のないこの戦いを第二のアウステルリッツ[*26]に変形させた。演壇と新聞は、軍隊を、無政府状態の無力としての人民大衆に対抗する秩序の力として称賛し、シャンガルニエを「社会の防塁」として称賛した。ついには彼自ら信じるようになった眩惑である。しかし、内密のうちに、態度があいまいだと思われた部隊はパリから移動させられ、選挙の結果が最も民主派的だった連隊はフランスからアルジェリアに追放され、軍隊内部の厄介な連中は懲罰部隊に行くように命じられ、最後に新聞を兵営から隔離し、兵営を市民社会から隔離することが、体系的に実行された。

われわれはここで、フランスの国民衛兵の歴史における決定的な転換点に到達している。一八三〇年には、国民衛兵が王政復古の崩壊を決定した。ルイ＝フィリップ治下では、国民衛兵が軍隊に味方した場合には、どんな暴動も失敗した。一八四八年二月の日々には、国民衛兵が蜂起に対して消極的な態度を示し、ルイ＝フィリップに対してあいまいな態度を示したので、ルイ＝フィリップは勝負をあきらめ、破滅した。こうして、国民衛兵なしでは革命は勝利できず、国民衛兵に対立しては軍隊は勝利できない、という確信が根づいていた。これは、軍隊が市民の全能という迷信を抱いていたということである。国民衛兵全体が正規軍とともに反乱を鎮圧した一八四八年六月の日々が、この迷信を堅固なものにした。ボナパルトの就任後、憲法に違反して、国民衛兵の指揮権と第一師団の指揮権とがシャンガルニエという一人物に一体化されたことによって、国民衛兵の地位はむしろ低下した。

ここでは国民衛兵の指揮権が軍司令官の一属性として現れたのと同じように、国民衛兵自身も正規軍の付属物として現れたにすぎなかった。六月一三日に、ついに国民衛兵は粉砕された。国民衛兵の部分的解散によってだけではない。この部分的解散は、このとき以来定期的にフランスのあらゆる地点でくりかえされ、国民衛兵の破片が残されているにすぎないのだが。六月一三日のデモンストレーションは、とりわけ民主派の国民衛兵のデモンストレーションであった。彼らはたしかに武器ではなく、彼らの制服を携えたのだが、まさにこの制服にこそ護符の効き目があったのである。軍隊は、この制服が他のものと変わらないウールの布きれであることを確証した。魔力は消え失せた。一八四八年六月の日々には、国民衛兵としてのブルジョアジーと小市民が、プロレタリアートに対抗して軍隊と結合したが、一八四九年六月一三日には、ブルジョアジーは小市民的な国民衛兵を軍隊によって四散させ、一八五一年一二月二日には、ブルジョアジーの国民衛兵そのものが消え失せており、ボナパルトが事後的に国民衛兵の解散命令に署名したときには、彼はただこの事実を確定しただけだった。こうしてブルジョアジー自身が、軍隊に対抗する自分の最後の武器を破壊してしまっていたのだが、しかし、小市民がもはや家臣としてブルジョアジーを援護するのではなく、反逆者として彼らに立ち向かった瞬間に、ブルジョアジーは武器を破壊しなければならなかったのであって、それは、そもそもブルジョアジー自身が絶対的になるやいなや、絶対主義に対抗した自分のすべての防衛手段を自らの手で粉砕しなければならなかったのと同じことである。

秩序党は、その間に国民議会において権力の奪還を祝ったが、この権力が一八四八年に失われたのは、ただ一八四九年に諸制限を免れた形で再会するためだけのことだったように見えた。この奪還は、自分たち自身の指導者がしたものを含めて未来・現在・過去のあらゆる革命を呪うことによって、そして、新聞に猿ぐつわをはめ、自発的結社を絶滅させ、戒厳令を有機的制度と規定する諸法律という形で、祝われたのである。国民議会は、休会期間中の常任委員会を任命した後、八月半ばから一〇月半ばまで休会した。この休暇中に、正統王朝派はエムスと、オルレアン派はクレアモントと、ボナパルトは王侯風の巡行によって、県議会は憲法改正をめぐる審議において、陰謀を企てた——国民議会の定期休暇に通例のようにくりかえされる出来事なのだが、これについては、事件になったときに論じることにしよう。ここでは、国民議会がかなり長い幕間に舞台から消え去って、共和国の頂点に、たとえ貧弱であろうともただ一人の姿、ルイ・ボナパルトの姿しか見えないようにしてしまい、それに対して秩序党は、公衆の憤激の種になりながら、その王政派の構成部分に分かれて、相争う王政復古の欲望にふけったのだから、国民議会は非政治的に振る舞ったのだ、ということを述べておくだけでよいだろう。この休暇の間、ひとを困惑させる議会の喧噪が急に静かになり、［議員の帰郷で］議会の身体が国民の中に消え去って見えなくなるたびに、この共和国の真の姿を完成させるためには、一つのものだけが欠けている、ということが明白に示された。すなわち、議会の休暇を永続的なものにし、自由・平等・友愛、という共和国の銘を、歩兵・騎兵・砲兵、という明確な言葉で置き換えることである。

第四章

一八四九年一〇月半ばに国民議会が開会した。一一月一日にボナパルトは、バロ＝ファルー内閣の解任と新内閣の組閣を通告する一通の教書で、国民議会を不意打ちした。ボナパルトが彼の大臣たちにしたほど儀式張らずに従僕を解雇した者はいなかった。国民議会に与えることに決められた足蹴を、バロ氏とその仲間は前もって受け取ったのである。

バロ内閣は、すでに見たように、正統王朝派とオルレアン派から合成された、秩序党の内閣であった。ボナパルトがこの内閣を必要としたのは、共和派の憲法制定議会を解散し、ローマ出兵を実現し、民主党を屈服させるためであった。彼は、外見上この内閣の背後に隠れて、政権を秩序党の手に渡し、パリで新聞の発行責任者がつけていた控えめな仮装、藁の男［傀儡］の仮面をつけていた。いまや彼は仮面を投げ捨てたが、それはもはや自分の表情を隠すことができる軽い覆いではなく、独自の容貌を示すのを妨げる鉄仮面だからであった。

彼は、秩序党の名において共和派の国民議会を解散させるために、バロ内閣を任命した。今度は、彼自身の名が秩序党の国民議会から独立したものであることを宣言するために、内閣を解任したのである。

この解任を納得させる口実に不自由はなかった。バロ内閣は、共和国大統領を国民議会と並ぶ権力として示す礼儀作法さえも無視した。国民議会の休暇中にボナパルトはエドガル・ネー宛の手紙を公開したが、その中で彼は教皇の自由主義的な態度を非難しているように見えた。[*1] 前に憲法制定議会と対立して一通の手紙を公開し、その中でウディノのローマ共和国攻撃を称賛したのと同じように。国民議会が今度はローマ出兵の予算を可決すると、ヴィクトル・ユゴーが自由主義的利害関心からこの手紙を話題にした。[*2] 秩序党は、ボナパルトの思いつきが何らかの政治的な重要性をもちうるかのような「ユゴーの」思いつきを、軽蔑的に疑う叫び声で窒息させてしまった。大臣のうちの誰も、彼のために挑戦に応じはしなかった。別の機会にバロは、よく知られたその空虚な情熱をもって、「憎むべき陰謀」に対して演壇から憤激の言葉を浴びせたが、その陰謀は、彼の供述によれば、大統領に最も近い側近者の中で進められたのである。内閣は、オルレアン公妃のために国民議会から寡婦扶助金を努力して手に入れておきながら、大統領の王室費［歳費］の増額を提案することは、最終的に断った。そして、ボナパルトの中では、帝位請求者と落ちぶれた冒険家とがひじょうに密接に融合していたので、自分には帝位を再建する使命があるという一方の偉大な理念が、フランス人民は彼の負債を支払う使命があるというもう一方の理念によってたえず補われていたのである。

バロ＝ファルー内閣は、ボナパルトが生んだ最初で最後の議会制内閣だった。だから、それの解任は決定的な転換点をなす。秩序党は、内閣を失うことで、議会体制を擁護するのに絶対必要な部署、執行権力というハンドルを失い、二度と奪還することができなかった。フランスのような国では、すなわち、執行権力が五〇万人以上からなる官僚軍を意のままにし、したがって途方もない集団の利害と生存をたえずきわめて絶対的に従属させている国、国家が市民社会を、その最も幅広い生活機能からその最も些細な活動にいたるまで、その最も普遍的な存在様式から個々人の私的存在にいたるまで、編み包み、管理し、処置し、監視し、後見している国、この寄生体が、異常な中央集権化によって遍在と、全知と、加速された運動能力と弾力を獲得し、それが、現実の社会体のどうしようもない非自立性、ぼんやりした形のなさの中にのみ対比物を見いだす国、そのような国では、国民議会が同時に国家行政を単純化し、官僚軍を可能なかぎり減らし、最後に市民社会と世論に政府から独立したそれ自身の機関を創設させないかぎり、国民議会は大臣の地位に関する処分権と一緒にあらゆる現実的影響力を失うことになる、ということは、ただちに理解できる。しかし、フランスのブルジョアジーの物質的利害は、まさにあの幅広く多岐にわたる国家機構の維持ときわめて密接に絡みあっている。ブルジョアジーは、自分たちの過剰人口を国家機構に就職させ、自分たちが利潤、利子、地代、報酬という形態でポケットに収めることができないものを、国家の俸給という形態で補う。他方では、ブルジョアジーの政治的利害が彼らに抑圧を、したがって国家権力の力量と人員を日々増加することを強いており、それに対して彼らは同時に、世論に対する絶え間ない戦争を遂行し、社会の自立的な運動器官を、完全に切除することはできないにしても、疑いの目で見ながらつけまわし、骨抜きにし、麻痺させなければならなかった。こうしてフランスのブルジョアジーは、その階級的立場によって強いられて、一方では、あらゆる議会権力の、したがってまた彼ら自身の議会権力の生存条件を破壊し、他方では、彼らと敵対する執行権力を抵抗しがたいものにせざるをえなかったのである。

新しい内閣は、ドプール内閣と呼ばれた。ドプール将軍が首相の地位に就いた、ということではない。それどころかボナパルトは、バロと一緒に首相という顕職までも廃止した。それはたしかに、共和国大統領を立憲君主のような法律上無価値なものという地獄に落としていたからである。しかも、王座も王冠もなく、王笏も剣もなく、責任を問われない特権もなく、国家の最高位を時効にかかわらずに占有することもなく、そして最も厄介なことだが、王室費もない、立憲君主という無価値なものに。ドプール内閣には、議会での名声をもつ人物が一人だけいた。金融界で最も悪評の高い人物の一人、ユダヤ教徒フルドである。大蔵省が彼のものになった。パリの取引所の相場を参照してみれば、一八四九年一一月一日からはフランスの有価証券は、ボナパルトの株が下がったり上がったりするのに応じて上がり下がりしているのがわかるだろう。ボナパルトは、こうして一方では取引所に自分の仲間がいるのを見つけ、同時に、カルリエをパリの警視総監に任命することによって、警察を掌握した。

それにもかかわらず、内閣更迭の結果は、事件が展開していってはじめて明らかになった。さしあたり、ボナパルトは一歩前進したが、その結果それだけいっそう目に見えて後退させられただけであった。彼のそっけない教書には、国民議会へのきわめて卑屈な恭順の表明が続いた。大臣たちがボナパルトの個人的な気まぐれを法案として提出しようと恐る恐るやってみるたびに、彼ら自身がいやいやながら自分の立場上仕方なく、やっても無駄だということを自分でもあらかじめ確信しながら、おかしな指図を実行しているにすぎないように見えた。ボナパルトが大臣たちに背を向けて自分の目論みを口走り、自分の「ナポレオン的観念」をもてあそぶたびに、彼自身の大臣たちが国民議会の演壇から彼に恥をかかせた。彼の王位簒奪欲は、他人の失敗を喜ぶ敵の爆笑を鳴りやませることがないように、漏らされるにすぎないように見えた。彼は、世間の人すべてにお人よしだと言われる誤解された天才のように振る舞った。彼がこの時代ほどたっぷりとあらゆる階級の軽蔑を受けたことはなかった。ブルジョアジーがこれほど無制約に支配したことはなかったし、これほど自慢気に支配のしるしを誇示したことはなかった。

　ここでは、彼らの立法活動の歴史を記述するまでもない。それは、この時代には二つの法律に要約される。すなわち、ワイン税を復活させる法律と、不信仰を廃止する教育法である。[*3] フランス人にとってワインを飲むのが困難になるとしても、それだけいっそうたっぷりと真の命の水[*4]が注がれた。ブルジョアジーが、ワイン税に関する法律において、昔の悪意に満ちたフランスの税制度を非の打ちどころのないものだと言明するとすれば、彼らは教育法によって、その税制度を我慢させる大衆の昔の心の状態を確保しようとする。オルレアン派、つまり自由主義的ブルジョアジーが、このヴォルテール主義と折衷主義哲学の昔ながらの使徒たちが、自分たちの一族の敵であるイエズス会士にフランス人の精神の管理を任せるのを見るのは、驚きである。しかし、オルレアン派と正統王朝派は、王位請求者に関しては別れることがありうるが、自分たちの連合した支配が二つの時期の抑圧手段を結合するよう要求していること、七月王政の抑圧手段は王政復古期の抑圧手段によって補われ、強化されなければならないことを、理解していた。

農民は、すべての期待を裏切られ、一方では穀物価格相場の低さによって、他方では租税負担と抵当債務の増大によって、これまで以上に打ちひしがれて、諸県で動き出した。学校教師を非難攻撃して聖職者の言いなりにさせ、市町村長を非難攻撃して県知事の言いなりにさせ、すべての人をスパイ制度の下におくこと、これが農民への回答であった。パリや大都市では、反動そのものがその時期の顔つきをして、打ち倒すというより挑発する。地方では、反動は、平凡で、卑しくて、けちくさく、ひとを疲れさせ、苦労させるもの、一言でいえば、憲兵となる。坊主の政体によって聖別された憲兵の政体の三年が、未熟な大衆をどれほど退廃させたにちがいないかは、誰にでもわかることである。

総額どれほどの情熱と熱弁を秩序党が国民議会の演壇から少数派に向かって費やすことができたにしても、彼らの演説は、その言葉が、しかり、しかり、否、否!であるべきキリスト教徒の発言[*5]と同じように、一音節にとどまっていた。新聞でも、演壇からも一音節。答えがあらかじめわかっているなぞなぞと同じように、おもしろみがない。問題となっているのが請願権でも、ワイン税でも、出版の自由でも自由貿易でも、クラブでも地方自治制度でも、個人の自由の保護でも国家予算の調整でも、合言葉がいつもくりかえされ、テーマはいつも同じであり、判決の用意はいつもできていて、変わることなくこう響く、「社会主義だ」！市民的自由主義でさえ社会主義的だと断言され、市民的啓蒙も社会主義的、市民的財政改革も社会主義的だと断言される。すでに運河があるところに鉄道を建設するのは社会主義的であり、剣で攻撃された場合にステッキで身を守るのは社会主義的であった。

これはたんなる修辞的形式、流行、党派的戦術ではなかった。ブルジョアジーは、彼らが封建制に対して鍛えた武器がその矛先を彼ら自身に向けたこと、彼らが生み出したすべての教育手段が彼ら自身の文明に対して反逆したこと、彼らが創造したすべての神々が彼らに背いたことを、正しく洞察していた。彼らは、すべてのいわゆる市民的自由と進歩の機関が、彼らの階級支配をその社会的基礎と政治的頂点で同時に攻撃し、脅かしており、したがって「社会主義的」になってしまったことを、理解した。この脅迫とこの攻撃の中に、ブルジョアジーは正当にも社会主義の秘密を見いだしたのであり、彼らは、社会主義の意味と傾向を、いわゆる社会主義が自らを判断できると思っているよりも、より正確に判断しているのである。だから、いわゆる社会主義がいまや感情的に人類の苦悩について哀願しても、あるいはキリスト教的に千年王国と普遍的兄弟愛を告知しても、あるいはヒューマニスト的に精神、教養、自由について無駄口をたたいても、あるいは空論家的にあらゆる階級の和解と福祉の体系を考え出しても、どうしてブルジョアジーが社会主義に対して頑なに心を閉ざしているのか、いわゆる社会主義には理解できない。しかし、ブルジョアジーが理解していないのは、彼ら自身の議会政体が、そもそも彼らの政治的支配が、いまややはり社会主義的なものとして全般的な有罪判決を受けなければならないという帰結であった。ブルジョア階級の支配が完全に組織されておらず、その純粋な政治的表現が獲得されていないかぎり、他の諸階級の対立もまた純粋に現れることはありえず、それが現れる場合にも、ただちに所有、宗教、家族、秩序が問題にされ、国家権力に対するあらゆる闘争が資本に対する一つの闘争に転化するような危険な方向をとることは、ありえなかった。ブルジョアジーが社会のあらゆる生命活動のうちに「平穏」を危うくするものを見たとすれば、どうして彼らは社会の先頭に立って騒乱の政体、彼ら自身の政体、議会政体を、彼らの一演説者の表現によれば、闘争の中で闘争によって生きているこの政体を、守り通そうとすることができたであろうか？　議会政体は討論で生活しているのに、どうしてそれが討論を禁止しなければならないのだろうか？　あらゆる利害、あらゆる社会的装置が、ここでは一般的な思想に転化され、思想として扱われるのに、どうしてどれか一つの利害、どれか一つの装置が、自らを思考を超えたものと主張し、信仰箇条として感銘を与えなければならないのだろうか？　演壇での演説者の闘争は新聞社の若造の闘争を呼び起こし、議会での討論クラブは必然的にサロンや酒場での討論クラブによって補われ、議員たちは、たえず民意に訴えて、民意に請願という形でその現実の意見を表明する権利を与える。議会政体はすべてを多数派の決定にゆだねるのに、どうして議会の向こう側の大多数派が決定しようとしてはならないのだろうか？　国家の屋根の上でヴァイオリンを弾けば、下にいる者が踊るのはあたりまえではないか？

したがってブルジョアジーは、前には自分たちが「自由主義的」だとして祝ったものに、いまでは「社会主義的」という烙印を押すことによって、次のことを認めているのである。すなわち、彼ら自身の利害が、自分で統治することの危険から逃れるよう命じているということ、国内の平穏を回復するためには、とりわけブルジョア議会を静かにさせなければならず、自分たちの社会的権力を無傷で維持するためには、その政治的権力を破壊しなければならないということ、私的個人としてのブルジョアは、自分の階級が他の諸階級と並んで平等な政治的無力を宣告されるという条件の下でのみ、他の諸階級を搾取し、所有、家族、宗教、秩序を欠けるところなく享受し続けることができるということ、自分たちの財布を救うためには、王冠がたたき落とされなければならず、自分たちを保護するはずの剣が、同時にダモクレスの剣として自分自身の頭の上につり下げられなければならないということ、である。[*6]

一般的な市民的利害の領域では、国民議会はひじょうに非生産的な態度をとったので、たとえば、一八五〇年の冬に始められたパリ―アヴィニョン鉄道に関する審議は、一八五一年一二月二日にはまだ結論を出すにいたっていなかったほどである。抑圧的であったり反動的であったりしない場合には、国民議会は救いがたい実りのなさに見舞われていた。

ボナパルトの内閣が、部分的には秩序党の精神で法律を提案し、部分的には法律の実施と運用において秩序党を上回る苛酷さを発揮していた間に、ボナパルト自身は他方で、子供じみたばかげた提案によって人気を獲得し、自分と国民議会との対立を断言し、秘密の備蓄があるのだが、その隠された財宝をフランス人民に寄付することは事情によってただ当分の間妨げられているにすぎないと示唆しようと試みた。下士官に一日四スーの追加手当を支給する提案もそうである。労働者のための貸付信用金庫の提案もそうである。金をもらい、金を借りて受け取ること、これこそボナパルトが大衆をおびき寄せられると考えた見通しであった。与え、借りること、高貴なルンペンプロレタリアートも卑しいルンペンプロレタリアートも、ルンペンプロレタリアートの財政学はこれにつきる。ボナパルトが動かし方を知っていたバネも、これにつきた。これほど月並みに大衆の月並みさをあてにした王位請求者はいなかった。

　国民議会を犠牲にして人気を得ようとするこの誤解の余地のない試みがなされたとき、借金に鞭打たれ、名声が得られないために自制しているこの冒険家が、破れかぶれの一撃をあえてする危険が増大したとき、国民議会はくりかえし沸き立った。秩序党と大統領との間の感情のもつれは危機的な性質を帯びていたが、そういうときに、予期せぬ事件が大統領に改悛の情を抱かせ、彼を国民議会の腕の中に押し戻した。一八五〇年三月一〇日の補欠選挙のことである。この選挙は、六月一三日以後に逮捕や亡命によって欠員になった議席を再び埋めるためにおこなわれた。パリは社会民主派の候補者[*7]だけを選出した。しかもパリでは、大部分の票が一八四八年六月の反乱者、ドフロットに集中した。プロレタリアートと同盟したパリの小市民は、このようにして一八四九年六月一三日の敗北の恨みを晴らしたのである。彼らが危機の瞬間に戦場から姿を消したのは、もっと有利な機会により大量の戦力で、より大胆な闘争スローガンをもって再び戦場を占拠するためにすぎなかったように思われた。一つの事情が、この選挙の勝利の危険を高めているように思われた。軍隊が、パリではボナパルトの大臣ライットに対抗して六月反乱者に投票し、諸県では大部分がモンターニュ派に投票したのである。モンターニュ派は、たしかにパリにおけるほど決定的ではなかったが、地方でも自分たちの敵に対して優位を保った。

　ボナパルトは、突然再び革命が立ち直って向かってきたことを悟った。一八四九年一月二九日と同様に、一八四九年六月一三日と同様に、一八五〇年三月一〇日にも、彼は秩序党の背後に姿を消した。彼は身をかがめ、臆病に許しを請い、議会多数派の命じるままにお好みの内閣を任命すると申し出て、さらにオルレアン派と正統王朝派の党指導者たち、ティエール、ベリエ、ブロイー、モレといった連中に、つまりいわゆる城伯たち[*8]に、自分自身で国家の舵をとってくれるよう懇願した。秩序党は、この二度とない瞬間をうまく利用することができなかった。差し出された権力を大胆に掌握するどころか、一一月一日に解任した内閣を再び任命するようボナパルトに強いることさえしなかった。秩序党は、許してやることで彼の自尊心を傷つけ、ドプール内閣にバロシュ氏を仲間として加えてやるだけで、満足した。バロシュ氏は検事として、一度は五月一五日の革命家に対して、もう一度は六月一三日の民主主義者に対して、ブールジュの重罪裁判所で怒り狂ったが、その理由は二度とも国民議会への暗殺を計画したから、ということであった。[*9]ボナパルトの大臣で、後に国民議会をおとしめるのにこれほど貢献した人物はいないし、一八五一年一二月二日以後には、元老院副議長という安定した高給の地位に就いた彼を再び見つけるだろう。彼が革命家のスープに唾を吐いて台なしにしたのは、ボナパルトがそれを残さずたいらげるためであった。

社会民主党は社会民主党で、自分自身の勝利に再び疑問を投げかけ、勝利の切っ先を折り取るための口実を見つけようと汲々としているだけのように見えた。新たなパリ選出議員の一人ヴィダルは、同時にストラスブールでも当選していた。彼は、パリでの当選を辞退し、ストラスブールでの当選を受け入れるよう説得された。したがって投票所での［自派の］勝利に決定的な性格を与えることで、秩序党にすぐさま議会でその勝利に異議を唱えざるをえないようにさせることもせず、人民が熱狂し、軍隊の気分が有利な瞬間に敵を戦いに追い立てることもせずに、民主党は、三月と四月の二カ月間、新たな選挙アジテーションでパリを疲れさせ、高揚した人民の情熱をこの再度の臨時投票遊びで消耗させ、革命的行動力を立憲的成果で満腹にさせ、小さな陰謀や空虚な熱弁やうわべだけの運動でむなしく燃えつきさせ、ブルジョアジーが気を取り直して予防措置を講じるのを許し、最後に、四月の追加選挙では、ウジェーヌ・シューを選出することで、三月の選挙の意義を感傷的に弱めるコメントを加えた。一言でいえば、民主党は、三月一〇日をエイプリル・フールにしたのである。

議会の多数派は自分たちの敵の弱さを把握した。ボナパルトが攻撃の指導と責任をゆだねた議会の一七人の城伯たちは、新しい選挙法を仕上げたのだが、その法案提出は、この名誉を自ら志願したフォシェに委託された。五月八日に彼は法律を提出したが、それによれば普通選挙権は廃止され、選挙地に三年間居住することが選挙人に条件として課され、最後に、労働者のこの居住証明には彼らの雇用主の証言ないし証明書が必要であるとされていた。

民主主義者が立憲的選挙闘争の間いかに革命的なほど興奮し、熱狂したとしても、いまや武器を手にしてあの選挙の勝利の重大さを証明することが必要になると、彼らは、秩序、荘厳なる平穏（calme majestueux）、合法的行為、すなわち、自らを法律として誇示する反革命の意志の下への盲目的服従を、立憲的に説教した。討論の間、モンターニュ派は、秩序党の革命的熱狂に対して法の地盤を守る俗物の冷淡な態度を表明することによって、そして、秩序党のやり方は革命的だという恐ろしい非難で秩序党を打ち倒すことによって、秩序党を恥じ入らせた。新しく選出された議員さえも、行儀よい落ち着いた振る舞いによって、彼らをアナーキストとして非難したり、彼らの選出を革命の勝利だと解釈したりすることがどんなに誤解であるか、ということを証明しようと努力した。五月三一日に新しい選挙法が可決された。モンターニュ派は、抗議文を議長のポケットにひそかに持ち込むことで満足した。選挙法には新しい出版法が続き、それによって革命的新聞は完全に一掃された。[*10] 革命的新聞がこのような運命をたどるのは当然だった。『ナシオナル』と『ラ・プレス』[*11]という二つの市民的機関紙が、この大洪水の後に革命の最前線の前哨として取り残された。

民主派の指導者たちが三月と四月の間、パリの民衆をうわべだけの闘争に巻き込むために、いかに全力をつくしたか、五月八日以後には、パリの民衆に現実の闘争をさせないでおくために、いかに全力をつくしたか、ということはすでに見た。それに加えて、一八五〇年が工業的・商業的繁栄の最も輝かしい年の一つであり、したがってパリのプロレタリアートが完全に雇用されていたということを忘れてはならない。しかしながら一八五〇年五月三一日の選挙法は、パリのプロレタリアートを政治権力へのあらゆる参加から排除した。それは彼らから戦場そのものを奪った。それは労働者を、二月革命以前に占めていた最下層民の地位に逆戻りさせた。彼らは、そのような事件に直面して民主主義者に従順に従い、一瞬の安楽に夢中になって自分たちの階級の革命的利害を忘れることができたので、そのことによって自分たちこそ世界を獲得する権力であるという名誉を放棄し、自らの運命に服従し、一八四八年六月の敗北が彼らを数年にわたって闘争不能にしたということ、歴史的過程はさしあたり再び彼らの頭越しに進んでいくにちがいないということを、証明した。小市民的民主党について言えば、彼らは六月一三日には「しかし、もし普通選挙権が侵害されたなら、そのときこそ！」と叫んだのだが――今度は、彼らに命中した反革命的一撃は打撃ではなく、五月三一日の法律は法律ではない、ということで自らを慰めた。一八五二年五月二日にはどのフランス人も、片手には投票用紙、もう一方の手には剣を握って、投票所に現れる。この予言で、彼らは自分自身を満足させた。最後に、軍隊は、一八四九年五月二九日の選挙に対してもそうだったが、一八五〇年三月と四月の選挙に対しても、上官から懲らしめられた。今度はしかし、軍隊はきっぱりとこう断言した。「三度目は革命にはだまされないぞ」。

一八五〇年五月三一日の法律は、ブルジョアジーのクーデタであった。革命に対して彼らがこれまでに獲得したものはすべて、暫定的な性格のものにすぎなかった。その時点の国民議会が舞台から退くとすぐに、獲得物には疑問が投げかけられた。それらは次の総選挙の結果に左右されたし、一八四八年以来の選挙の歴史は、ブルジョアジーの事実上の支配が発展するのに応じて、人民大衆に対する彼らの道徳的支配が失われていくことを、反論の余地なく証明した。普通選挙権［を得た人民大衆］は、三月一〇日には直接にブルジョアジーの支配への反対の態度を表明し、ブルジョアジーは普通選挙権の追放でそれに答えた。五月三一日の法律は、したがって階級闘争の必然的結果の一つであった。他方では、憲法は、共和国大統領の選挙が有効であるためには、最低二〇〇万票の得票を要求していた。大統領候補者の誰もがこの最低得票数を得られない場合には、最も多く得票した五人の候補者の中から、国民議会が大統領を選出することになっていた。憲法制定議会がこの法律を作った時点では、一〇〇〇万人の選挙人が有権者名簿に登録されていた。したがって憲法制定議会の意図によれば、大統領選挙を有効なものにするには、有権者の五分の一で十分だったのである。五月三一日の法律は、少なくとも三〇〇万票を選挙人名簿から削除し、有権者数を七〇〇万人に減らしたが、大統領選挙のための二〇〇万という法定最低得票数は、それにもかかわらず保持された。したがってこの法律は、法定最低得票数を、有権者の五分の一からほとんど三分の一にまで引き上げたのであり、言い換えれば、大統領選挙を人民の手から国民議会の手にひそかに売り渡すために、あらゆることをしたのである。こうして秩序党は五月三一日の選挙法によって、国民議会と共和国大統領の選挙を社会の固定した部分の裁量に任せるという形で、その支配を二重に強固にしたように思われた。

第五章

革命的危機に切り札が使われ、普通選挙権が廃止されるとすぐに、国民議会とボナパルトとの闘争が再び突発した。

憲法は、ボナパルトの俸給を六〇万フランと決めていた。就任後半年たたないうちに、彼はこの額を二倍に引き上げることに成功した。すなわち、オディロン・バロが、憲法制定国民議会からいわゆる交際費として年六〇万フランの追加手当をねだり倒して取ってくれたのである。［一八四九年］六月一二日以後にもボナパルトは同じような懇願を口に出したが、今度はバロに聞いてもらえなかった。いまや［一八五〇年］五月三一日の後で、彼はこの有利な瞬間をすぐに利用して、彼の大臣に三〇〇万フランの王室費を国民議会に提案させた。長い冒険家としての放浪生活が、彼のいうブルジョアから金をゆすり取れる、ブルジョアが弱気になる瞬間を手探りするための、きわめて発達した触角を彼に付与していた。彼は合法的な恐喝をしたのである。国民議会は、ボナパルトと協力し共謀して、人民主権を辱めた。ボナパルトは、国民議会が金を払って年三〇〇万フランで彼の沈黙を買い取らない場合には、国民議会の犯罪を人民裁判に告発すると脅迫した。国民議会は、三〇〇万人のフランス人から投票権を奪った。ボナパルトは、流通から引き上げられたフランス人一人につき流通する一フランを、つまりぴったり三〇〇万フランを請求した。彼は、六〇〇万人によって選出された人間として、後になって［国民議会が］彼からだまし取った投票数に対する損害賠償を要求するのである。国民議会の委員会は、この厚かましい奴を追い返した。ボナパルト派の新聞は脅迫した。国民議会は、自分たちが原理的に決定的に国民大衆と決裂した瞬間に、共和国大統領と決裂することができただろうか？　彼らはたしかに年間王室費は拒否したが、二一六万フランの一回かぎりの追加手当を可決した。国民議会はこうして、その金を承認すると同時に、それをいやいやながら承認したのだということを自分たちの不機嫌さでもって示す、という二重の弱さを見せてしまった。何のためにボナパルトがその金を必要としたのかということは、後で見ることにしよう。普通選挙権の廃止という出し物のすぐ後に続いた幕切れ後のこの不愉快な小劇では、ボナパルトは、三月と四月の危機の間に見せた謙虚な態度を、権力を簒奪した議会に対する挑発的な厚かましさと取り替えたのだが、この小劇の後で、国民議会は、八月一一日から一一月一一日まで三ヵ月間休会した。国民議会は、自らの代わりに一八人のメンバーからなる常任委員会を後に残したが、それにはボナパルト派は一人も含まれず、他方きわめて穏健な共和派が何人か含まれていた。一八四九年の常任委員会には秩序党とボナパルト派の人間しかいなかった。しかし当時は、秩序党は革命に常時反対を宣言した。今度は、議会的共和制は大統領に常時反対を宣言した。五月三一日の法律以後、秩序党にまだ対立していたのは、このライヴァル［大統領］だけだった。

一八五〇年一一月に国民議会が再開したときには、議会と大統領とのこれまでのこせこせした小競り合いの代わりに、容赦のない大戦闘が、二つの権力の生きるか死ぬかの戦闘が、避けられなくなったように思われた。

一八四九年のときと同じように、この年の議会休暇中も、秩序党は個々の分派に分かれ、それぞれ自分自身の王政復古陰謀に忙しかったが、それはルイ＝フィリップの死［一八五〇年八月二六日］によって新たに勢いづけられていた。正統王朝派の国王アンリ五世は、正式の内閣を任命することまでしたが、その内閣はパリに設置され、常任委員会のメンバーを含んでいた。したがってボナパルトが、彼は彼でフランス各県を巡行し、自分の臨席を押しつけた都市の世論に応じて、ときには遠回しに、ときには公然と、彼自身の王政復古計画を口走り、自分への投票を勧誘したのは、当然だった。この行進を、公式の『モニトゥール』やボナパルトの私的な小『モニトゥール』はもちろん凱旋行進として賛美しなければならなかったが、これには一二月一〇日会の仲間がつねに随行していた。この会は一八四九年にはもう作られている。慈善協会を設立するという口実で、パリのルンペンプロレタリアートが秘密部門に組織され、各部門はボナパルトのスパイに指揮され、全体の頂点にはボナパルト派の将軍［ピア］がいた。いかがわしい生計手段をもつ、いかがわしい素性の落ちぶれた貴族の放蕩児と並んで、身を持ち崩した冒険家的なブルジョアジーの息子と並んで、浮浪者、除隊した兵士、出獄した懲役囚、脱走したガレー船奴隷、詐欺師、ペテン師、ラッツァローニ、[*1]すり、手品師、賭博師、ポン引き、売春宿経営者、荷物運搬人、日雇い労務者、手回しオルガン弾き、くず屋、刃物研ぎ師、鋳掛け屋、乞食、要するに、はっきりしない、混乱した、放り出された大衆、つまりフランス人がボエーム［ボヘミアン］と呼ぶ大衆がいた。自分とは親類のこういう構成分子でもって、ボナパルトは一二月一〇日会の元手を作った。「慈善協会」——全メンバーがボナパルトと同じように、労働する国民に費用を負担させて自らに慈善を施す必要を感じていた、というかぎりではまさに「慈善協会」である。ルンペンプロレタリアートの首領となり、自分が個人的に追求している利益をここでだけは大衆的形態で再発見し、あらゆる階級のこのようなくず、ごみ、残り物のうちに自分が無条件で頼ることのできる唯一の階級を認識するこのボナパルト、彼こそが現実のボナパルト、飾りなしのボナパルトであり、彼が後に全能の力をもって革命家たちとともに自分の昔の共犯者の一部をカイエンヌ[*2]に送り込むことで、彼らに借りを返したとき、そのときでさえも見間違えようがなかった。[*3]年老いた、ずるがしこい放蕩児である彼は、諸民族の歴史的生活とその国事行為を最も卑俗な意味での喜劇として、大げさな衣装や言葉やポーズがきわめてけちくさい下劣な行為を覆い隠すのに役立つ仮面舞踏会として、理解している。こうして彼がストラスブールに進軍したときには、[*4]調教されたスイスのハゲタカがナポレオンの鷲［ナポレオンの紋章］を演じた。ブローニュに来襲したときには、何人かのロンドンの従僕にフランスの軍服を着用させた。[*5]彼らが軍隊を演じたのである。彼の一二月一〇日会に、彼は一万人のルンペン連中を集めるが、クラウス・ツェッテル［ニック・ボトム］がライオンを演じるのと同じように、[*6]彼らが人民を演じなければならない。ブルジョアジー自身が最も完全な喜劇を演じていたのだが、フランスの演劇作法の融通の利かない諸条件のどれ一つにも違反しない、[*7]この世で最もまじめなやり方で演じていて、彼ら自身の国事行為の厳粛さに半ば欺かれ、その厳粛さを半ば本気で信じていた、そのような瞬間には、喜劇をあからさまに喜劇と解する冒険家が勝利するのは間違いなかった。彼は、自分の厳粛な敵を除去し、いまや自分の皇帝としての役割を自ら本気で受け取って、ナポレオンの仮面をつけて現実のナポレオンを演じようと思うとき、そのときはじめて、彼は彼自身の世界観の犠牲となり、もはや世界史を喜劇と解するのではなく、自分の喜劇を世界史と解する、まじめな道化役になる。社会主義的労働者にとっての国民作業場[*8]、ブルジョア共和派にとっての遊動警備隊にあたるもの、それがボナパルトにとっては一二月一〇日会であり、それが彼自身の党派の戦力であった。彼の旅行のときには、荷造りされて鉄道で輸送されたこの戦力の一部隊が、彼のための即興の聴衆となり、公式の熱狂を上演し、皇帝万歳と吠え立て、もちろん警察の保護の下で、共和派を侮辱し、打ちのめした。パリに帰還するときには、彼らは前衛となり、反対デモの機先を制するか、追い散らすかしなければならなかった。一二月一〇日会は、彼のものであり、彼の作品であり、彼のきわめて独特な思想であった。それ以外に彼が領有しているものは、状況の力が彼に委ねたものであり、それ以外に彼がすることは、状況が彼のためにすることか、あるいは彼が他人の行為を模倣することで満足していることである。しかし、市民の前で公には、秩序、宗教、家族、所有という公式の決まり文句を並べながら、自分の後ろに、シュフテルレやシュピーゲルベルク[*9]のような連中の秘密結社、無秩序、売春、窃盗の結社を従えた彼、これこそ原作者としてのボナパルト自身であり、一二月一〇日会の歴史が彼自身の歴史なのである。さて、例外的なことであるが、秩序党に属する人民代表が一二月派のステッキに出くわすということが起きた。それだけではなかった。国民議会に配属され、国民議会の安全警護を委託されていた警部ヨンが、アレとかいう人物の供述に基づいて、一二月派の一支部がシャンガルニエ将軍と国民議会議長デュパンの暗殺を決定し、それを実行する人間もすでに決めている、と届け出た。デュパン氏の憤激はもっともである。一二月一〇日会についての議会の調査、すなわちボナパルトの秘密の世界の暴露は、避けられないように思われた。国民議会の開会の直前に、ボナパルトは用心深く自分の会を解散したが、もちろんこれは紙の上でだけのことである。というのも、一八五一年末にもまだ警視総監カルリエは、詳細な覚書をボナパルトに送って、一二月派を実際に追い散らす気にさせようと試みて、失敗しているからである。

一二月一〇日会は、ボナパルトが公式の軍隊を一種の一二月一〇日会に変えるのに成功するまで、その間だけボナパルトの私的軍隊にとどまるべきものであった。ボナパルトはそのための最初の試みを、国民議会の休会の直後に、しかも国民議会から奪い取ったばかりの金で実行した。運命論者として彼は、人間、特に兵士が反抗することのできない一定のより高い力が存在する、ということを確信して生きていた。そういう力の中に、彼はまず第一に、葉巻とシャンパン、冷えた鳥肉とニンニク入りソーセージを数え入れた。だから彼は、エリゼ宮の居室で、まず第一に将校と下士官に、葉巻とシャンパン、冷えた鳥肉とニンニク入りソーセージをたっぷりご馳走する。一〇月三日に、彼はサン・モールの閲兵式の際に軍隊大衆相手にこの作戦行動を復習し、一〇月一〇日には、同じ作戦行動をもう一段大がかりにサトリの観兵式でくりかえした。伯父はアレクサンドロスのアジアでの戦いを思い起こしたが、甥は同じ地方でのバッカス[*10]の征服戦争を思い起こした。アレクサンドロスはもちろん半神であったが、バッカスは神であり、それに加えて一二月一〇日会の守り神であった。

一〇月三日の閲兵式の後で、常任委員会は陸軍大臣ドプールを召喚した。彼は、あのような軍規違反はくりかえさせないと約束した。ボナパルトが一〇月一〇日にドプールの言葉をどのように守ったかは、周知の通りである。この二つの閲兵式では、シャンガルニエがパリの軍司令官として指揮をとった。彼は、常任委員会メンバーであると同時に、国民衛兵の長、一月二九日と六月一三日の「救世主」、「社会の防塁」、秩序党の大統領候補であり、二つの王政のマンク将軍になると予想された人物なので、自分が陸軍大臣に従属していることをこれまで一度も認めたことがなく、共和制憲法をたえず公然と嘲笑し、あいまいで上品な庇護でボナパルトを見守ってきた。いまや、その彼が熱心に軍規のためにつくして陸軍大臣に反対し、憲法につくしてボナパルトに反対した。一〇月一〇日に騎兵の一部が「ナポレオン万歳！　ソーセージ万歳！」という叫び声を鳴り響かせたのに対して、シャンガルニエは、少なくとも彼の友人であるヌメエの指揮下で分列行進する歩兵には氷のような沈黙を守らせた。陸軍大臣はボナパルトにそそのかされて、第一四、一五師団の司令官に任命するという口実で、その罰としてヌメエ将軍をパリの部署から解任した。ヌメエはこの転任を断ったので、免職を受け入れなければならなかった。シャンガルニエはシャンガルニエで一一月二日に日課規定を公表し、その中で、軍隊が武装時にいかなる種類のものであれ政治的な叫び声をあげることやデモンストレーションをすることを禁止した。エリゼ系の新聞はシャンガルニエを攻撃し、秩序党の新聞はボナパルトを攻撃し、常任委員会は秘密会議をくりかえしたが、そこでは「祖国は危機にあり」という宣言がくりかえし提案された[*11]。軍隊は、二つの敵対する参謀本部をもつ二つの敵対する陣営に分割されたように見えたが、その一つはボナパルトの住むエリゼ宮に、もう一つはシャンガルニエの住むテュイルリ宮にあった。戦闘の合図が鳴り響くのに必要なのは、国民議会の開会だけであるように思われた。フランスの公衆は、ボナパルトとシャンガルニエとのこの反目を次のような言葉で特徴づけたあのイングランドのジャーナリストと同じように、判断した。すなわち、「フランスの政治的女中たちは、革命の灼熱する熔岩を古い箒で掃き出し、自分の仕事を片づけながら、罵りあっている」[*12]。その間にボナパルトは、急いで陸軍大臣ドプールを解任し、あわてふためいて彼をアルジェリアへ送り出し、彼の代わりにシュラン将軍を陸軍大臣に任命した。一一月一二日に彼は一通の教書を国民議会に送ったが、それはアメリカのように広大で、こまごましたことで装飾過剰で、秩序の香りを漂わせ、和解したくてうずうずし、立憲的に覚悟を決め、ありとあらゆることについて論じながら、この瞬間の焦眉の問題についてだけは論じていなかった。彼は、ことのついでのようにして、憲法の明文化された規定によれば大統領が軍隊に関する全権を有する、という言葉を入れておいた。教書は、次のような厳かな誓いの言葉で結ばれていた。

「フランスは何よりまず平穏を求めている。……ところが宣誓に拘束されているので、私は、宣誓が私に引きめぐらした狭い限界の内側にとどまるであろう。……私はといえば、人民に選出され、もっぱら人民にのみ私の権力を負うのだから、私はつねに、合法的に表明された人民の意志に従うであろう。諸君がこの会期中に憲法改正を可決するならば、憲法制定議会が執行権力の地位を整理することになる。そうでない場合には、人民が一八五二年に厳粛に自らの決定を告知することになる。しかし、未来の解決がどのようなものであるにせよ、けっして情熱や不意打ちや暴力が偉大な一国民の運命を決定することはないということを、お互いに理解しよう。……何よりも私の注意を引くのは、誰が一八五二年にフランスを統治するかを知ることではなく、過渡期がアジテーションや騒乱なしに過ぎ去ることができるように、私の使える時間を役立てる、ということである。私は誠実に私の本心を打ち明けたのだから、諸君は、私の率直さには諸君の信頼で、私の善意の努力には諸君の協力で応えてくれるであろうし、それ以外のことは神がするであろう」。

律義で、うわべだけ穏健で、高潔に言い古されたブルジョアジーの言葉づかいは、一二月一〇日会の独裁者にしてサン・モールとサトリのピクニックの英雄［ボナパルト］が口にすると、その最も深い意味を明らかにしてしまう。

秩序党の城伯たちは、この本心の打ち明けにふさわしい信頼について、一瞬も思い違いをすることはなかった。宣誓については、彼らははるか以前から高慢であり、彼らの仲間には政治的偽証のヴェテランや巨匠がいたので、軍隊に関する箇所を聞き逃しはしなかった。彼らは、教書が最近公布された法律を冗長に列挙しながら、最も重要な法律、選挙法についてはもったいぶって黙殺し、むしろ、憲法が改正されない場合には一八五二年の大統領選挙を人民の判断にゆだねている、ということに気づいて不機嫌になった。選挙法は、秩序党が歩くのを妨げ、まして突進などできなくさせる、足かせの鉛玉であった！　しかもボナパルトは、一二月一〇日会の公式の解散と陸軍大臣ドプールの解任によって、自らの手で祖国の祭壇に贖罪の山羊を捧げていた。彼は、予想された衝突の切っ先を折り取っておいたのである。最後に、秩序党自身も、不安そうに執行権力とのあらゆる決定的紛争を回避し、和らげ、もみ消そうとした。革命との闘争で獲得したものを失うことを恐れて、彼らは、自分たちのライヴァルに当の果実を獲得させた。「フランスは何よりまず平穏を求めている」。秩序党は二月以来の革命に対してこう呼びかけたが、ボナパルトの教書も秩序党にこう呼びかけた。「フランスは何よりまず平穏を求めている」。ボナパルトは権力簒奪を目指す行為をおこなったが、しかし、秩序党がこの行為に対して警鐘を打ち鳴らし、それを神経過敏に解釈するならば、秩序党が「不穏」を引き起こしたことになるのである。サトリのソーセージは、誰もそれについて語らなければ、ネズミのように物音一つ立てなかった。「フランスは何よりまず平穏を求めている」。したがって、ボナパルトは自分に平穏が与えられるよう要求し、議会の党派は、革命的騒乱を再び呼び覚ます恐れと、自らが自分自身の階級の目には、つまりブルジョアジーの目には不穏の張本人に見えるのではないかという恐れの、二重の恐れから、体が麻痺していた。したがって、フランスは何よりまず平穏を求めているのだから、秩序党は、ボナパルトが彼の教書の中で「平和」を口に出した後に、あえて「戦争」と答える勇気がなかったのである。国民議会の開会で大きなスキャンダルの場面が見られるとあてにしていた公衆は、期待を裏切られた。野党議員は一〇月事件に関する常任委員会の議事録の提出を要求したが、多数決で否決された。騒ぎを引き起こしそうな議論はすべて、原則的に回避された。一一月と一二月の間の国民議会の仕事は、興味を引かないものであった。

一二月の末近くになって、ついに議会の個々の優先権をめぐるゲリラ戦が開始された。ブルジョアジーが普通選挙権の廃止でもって階級闘争をさしあたりは片づけてしまって以来、二つの権力の優先権をめぐる了見の狭いいやがらせの中で、動きは泥沼化した。

人民代表の一人モガンが、負債を理由として裁判所の判決を受けた。裁判長の問い合わせに対して、法務大臣ルエは、これ以上手数をかけずに債務者の逮捕状を出すべきだと断言した。したがって、モガンは債務者拘留所に投げ込まれた。国民議会は、この暗殺計画を知らされて、いきり立った。国民議会は、彼の即時釈放を命じただけでなく、その晩のうちに国民議会の事務総長に彼をクリシーから力ずくで連れ出させた。それなのに、私的所有の神聖さに対する自分たちの信仰を実証するために、そして緊急の場合には重荷になったモンターニュ派の収容施設を開設するという下心もあって、国民議会は、人民代表の債務拘留は、国民議会の許可を事前に求めた場合であれば認められる、と表明した。国民議会は、大統領もまた債務を理由に投獄されうる、と布告するのを忘れた。国民議会は、自分自身の体の分肢である議員を取り巻く不可侵性の最後の見せかけを破壊しつくしたのである。

警部ヨンがアレとかいう人物の供述に基づいて、デュパンとシャンガルニエに対する殺害計画を理由に一二月派の一支部を告発したことは、覚えていることと思う。［その後の一二月二九日の］最初の会議ですぐに、監査委員がこれに関して、国民議会の独自予算から給料が支払われる、警視総監から完全に独立した、独自の議会警察を設立する提案をおこなった。内務大臣バロシュは、自分の権限へのこの侵害に抗議していた。そこで、議会の警部はたしかに議会の独自予算から給料が支払われ、議会の監査委員によって任免されるが、それは内務大臣の事前の了解に従う、というみじめな妥協が取り決められた。その間にアレは政府によって告訴されたが、この場合には、彼の供述を偽りのものだと述べ立て、検事の口を通じて、デュパン、シャンガルニエ、ヨン、そして国民議会全体を愚かしく見せることは、［政府にとって］楽なことだった。いまや一二月二九日に大臣バロシュはデュパンに、ヨンの解任を要求する手紙を送った。国民議会の事務局はヨンを留任させるよう決議するが、国民議会は、モガン事件での自分の暴力的やり方におびえてしまい、そのうえ、執行権力にあえて一撃を加えると、それとひきかえに二撃のお返しを受けることになってしまうのが通例だったので、この決議を認可しない。国民議会は、ヨンの職務熱心への報酬として彼を解任し、議会の優先権の一つを放棄するが、この優先権は、昼間に実行するために夜に決定するのではなく、昼間に決定して夜に実行する人間に対抗するには、不可欠なものであった。

国民議会が一一月と一二月の間、重大な決定的動機で執行権力との闘争をどのように回避し、打ち切ったかはすでに見た。いまやわれわれは、国民議会がきわめて些細な動因で闘争に応じざるをえなくなるのを見ている。モガン事件では、国民議会は原則に従って人民代表[議員]の債務拘留を追認するが、それを自分の気に入らない議員にだけ適用させる権利を留保し、この恥ずべき特権をめぐって法務大臣と争う。一二月一〇日会に関する調査を命令し、ルンペンプロレタリアートの首領としてのボナパルトの真の姿をフランスとヨーロッパの前に容赦なく暴露するために、暗殺計画と称されるものを利用することをしないで、その代わりに国民議会はこの衝突を、国民議会と内務大臣との間で一警部の任免がどちらの権限に属するかが問題となる、という一点にまで落ちぶれさせてしまう。こうして、秩序党がこの時代全体を通して、そのあいまいな立場によって、自分と執行権力との闘争を、大臣たちとの些細な権限紛争、いやがらせ、こじつけ、縄張り争いでむなしく燃やし、ぼろぼろにし、最もばかげた形式問題を自分の活動の内容にせざるをえなくなるのを、われわれは見る。秩序党は、衝突が原則的な意義をもち、執行権力が現実に恥をさらし、国民議会の大義が国民の大義となる、その瞬間に、衝突に応じる勇気がない。そうすることによって秩序党は国民に進軍命令を発することになっただろうが、国民が動くことほど秩序党が恐れているものはなかった。だから、そのような機会には、秩序党はモンターニュ派の動議を却下し、それを無視して議事日程の本題に戻る。係争問題がこうしてその広がりの大きさでは放棄されてしまっている以上、執行権力は、同じ係争問題を些細な取るに足りないきっかけで再び取り上げることができ、それがいわば議会のローカルな関心にすぎないものになる時点を、静かに待つ。そういう時点になると、我慢していた秩序党の憤激が噴出して、秩序党は書き割りの幕を引きちぎり、大統領を告発し、共和国は危機にあると宣言するが、しかしそのときには、秩序党の情熱も愚かしいものに思われ、闘争のきっかけも、偽善的な口実か、あるいはそもそも闘争に値しないものに思われてくる。議会の疾風はコップの中の嵐となり、闘争は陰謀に、衝突はスキャンダルになる。革命的諸階級が国民議会の議会的優先権を熱愛するのは、かの議会が公共的諸自由を熱愛するのとちょうど同じ程度なので、革命的諸階級が国民議会の屈辱を他人の失敗を喜ぶ気持ちでおもしろがっているのに対して、議会の外のブルジョアジーは、議会の中のブルジョアジーがどうしてそんなにこせこせした口げんかで時間を浪費し、大統領とのそんなにみじめな競争で平穏を危険にさらすことができるのか、理解できない。すべてのひとが戦闘を期待している瞬間に講和を結び、すべてのひとが講和が結ばれたと思っている瞬間に攻撃する、という戦略を見て、ブルジョアジーは困惑し、混乱させられてしまう。

一二月二〇日にパスカル・デュプラが内務大臣に金の延べ棒宝くじについて質問した。この宝くじは「エリュシウム［エリゼ］の娘」*13であり、フランスの法律は、慈善を目的として抽選で分配されるものを除いて、あらゆる宝くじを禁止しているにもかかわらず、ボナパルトがそれを彼の忠実な家来とともに作り出し、警視総監カルリエがそれを自分の公式の保護下においた。七〇〇万枚の抽選券で、一枚一フラン、収益の名目は、パリの浮浪者をカリフォルニアへ船で送り出すためであるとされていた。一方では、黄金の夢がパリのプロレタリアートの社会主義の夢を押しのけ、魅惑的な当たりくじの見込みが非現実的な労働の権利を押しのけるはずであった。パリの労働者にはもちろん、カリフォルニアの金の延べ棒の輝きの中に、自分たちのポケットから誘い出された見栄えのしないフランを再び見分けることができなかった。しかし、主としてここで問題なのはまったくの詐欺だった。パリからわざわざ出掛けることもせずにカリフォルニアの金鉱を開こうと考えた浮浪者とは、ボナパルト自身と、借金でぼろぼろになった彼の円卓の騎士たちであった。国民議会が承認した三〇〇万は遊びに使い果たしたので、金庫は方法はどうであれ再びいっぱいにされなければならなかった。ボナパルトは、いわゆる労働者都市の建設のために国民債券の予約募集をし、その先頭に立って自分自身もかなりの額を引き受けたが、無駄骨だった。無情なブルジョアは、ボナパルトの引き受け分の払い込みを疑い深く待っており、そして払い込みはもちろんなされなかったので、社会主義的空中楼閣の思惑はぺちゃんこに倒壊した。［これに対して］金の延べ棒はもっとうまくことが運んだ。ボナパルトと仲間は、七〇〇万から賞金となる金の延べ棒を差し引いた余剰を部分的にポケットに入れることで満足しないで、偽の抽選券を製造し、同じ番号、一〇番なら一〇番の抽選券を、一五枚から二〇枚まで発行した。これはまさに一二月一〇日会の精神での財政操作である。ここでは国民議会は、虚構の共和国大統領ではなく、血の通ったボナパルトに向かいあっていた。ここでは国民議会はボナパルトを、憲法にではなく、刑法に違反した現行犯で押さえることができた。国民議会が、デュプラの質問途中でそれを無視して議事日程の本題に戻ったのは、「もう十分だ」と表明すべきだというジラルダンの動議が、秩序党に自分たちの体系的な腐敗を思い出させたから、というだけではなかった。ブルジョア、とりわけ政治家にまで膨れ上がったブルジョアは、自分の実践的な卑しさを理論的な大仰さで補う。政治家としての彼は、そして彼に向きあって立つ国家権力は、より高い存在になるのであって、それに対しては、より高い、聖別されたやり方でしか闘うことはできないのである。

ボナパルトは、ボヘミアンとして、貴公子風のルンペンプロレタリアートとして、闘争を卑劣に遂行できるという利点を、破廉恥なブルジョアに対してもっていたのだが、いまや、議会自身が彼の手を引いて、軍隊宴会、閲兵式、一二月一〇日会、最後に刑法という滑りやすい地面を渡らせてくれたのだから、外見上の守勢から攻勢に転じることができる瞬間がきたと見た。その間に、法務大臣［ルエ］、陸軍大臣［シュラン］、海軍大臣［デフォセ］、大蔵大臣［フルド］がいとも容易に被ってしまった［数々の］小さな敗北にも、ボナパルトはほとんど困らなかった。それらの敗北によって国民議会は、自らの不満と不快感を表明したのだが。ボナパルトは、大臣たちの辞任を阻止し、そうすることで執行権力が議会に従属することの承認を阻止しただけではなかった。彼はいまや、国民議会の休暇の間に始めていたことだが、議会からの軍事権力の引き離しを、つまりシャンガルニエの解任を成し遂げることができた。

エリゼ系の一新聞が、軍隊の日課に関する命令を掲載した。それは、五月中に第一師団に対して出されたものだといわれる、したがってシャンガルニエが出したことになるものだが、そこでは、将校は、反乱の場合には自分自身の隊の反逆者を容赦せず、ただちに射殺することが望ましく、また国民議会が軍隊に出動を要請したとしても、それを拒否することが望ましい、とされていた。一八五一年一月三日に、内閣はこの日課命令に関して質問を受けた。内閣は、この件の調査のために、最初は三ヵ月、次には一週間、最後にはわずか二四時間の猶予期間を求める。議会は、今すぐ説明するよう要求して譲らない。シャンガルニエが立ち上がり、この日課命令は存在しなかったと明言する。彼は、自分はいつでも国民議会の要求をすぐに実行するつもりであり、衝突が起きた場合には国民議会は自分をあてにしてよい、と付け加える。[*14] 国民議会は、彼の説明を筆舌につくしがたい喝采で迎え、彼に対する信任決議をおこなう。国民議会は、一将軍の私的保護下に入ることによって、「それまでの地位から」退き、自分自身の無力と軍隊の全能を宣言しているのだが、しかしこの将軍は、ボナパルトからの封土として保持しているにすぎない権力を、その同じボナパルトに対抗して議会の意のままにすることによって、また自分は自分で、この議会からの、つまり自分の保護を必要とする被保護者からの保護を期待することによって、思い違いをしているのである。しかしシャンガルニエは、一八四九年一月二九日以来ブルジョアジーが彼に供与した神秘的権力を信じている。彼は、自分を他の二つの国家権力と並ぶ第三の権力だと考えている。彼は、この時期の他の英雄たち、あるいはむしろ聖人たちと運命をともにしているのだが、彼らの偉大さは、まさに彼らの党派が自ら広めた打算的な大きな評価にあるのであって、状況が彼らに奇跡をおこなうよう要請するとすぐに、彼らは平凡な人物に縮んでしまう。不信仰はそもそも、これらの思い違いでそう思われているだけの英雄たちや実際の聖人たちの致命的な敵である。だから、彼らは、熱狂に乏しい冗談好きや皮肉屋に対して、威厳に満ちて道徳的に憤慨するのである。

その日の夜、大臣たちはエリゼ宮に呼び出された。ボナパルトはシャンガルニエの解任を強く要求したが、五人の大臣がそれに署名するのを拒否した。『モニトゥール』は内閣の危機を告知し、秩序党の新聞はシャンガルニエ指揮下の議会軍を創設するぞと言って脅迫する。秩序党は、この措置をとる憲法上の権限をもっていた。秩序党はただ、シャンガルニエを国民議会議長に任命し、国民議会の安全のために好きなだけ軍隊を徴用するだけでよかったのである。シャンガルニエがまだ現に軍隊とパリの国民衛兵の頂点にいて、軍隊ともども徴用されるのをただ待ち兼ねていたのだから、秩序党はそれだけいっそう確実にそうすることができた。ボナパルト派の新聞は、まだ一度も軍隊を直接徴用する国民議会の権利にあえて疑問を呈したことはなかったが、それは、現在の状況では成功の見込みはないという法律上の躊躇であった。シャンガルニエの解任に連署する用意があると表明した二人の将軍——バラゲ・ディリエとサン゠ジャン・ダンジェリ——をついに見つけるまでに、ボナパルトが八日間もパリ中を探しまわらなければならなかったことから考えてみれば、国民議会が命令を出した場合に軍隊がそれに従ったというのは、起こりえたことである。八日後に二八六票が秩序党から分離したこと、そして一八五一年一二月、決定の最後の瞬間に、なおモンターニュ派が同じような動議を棄却したことから考えれば、秩序党が自分自身の隊列内と議会の中で、そのような議決に必要な投票数を見いだしたかどうかは、きわめて疑わしい。しかしながら、城伯たちは、いまならまだ自分たちの党派の大衆を英雄的行為に我を忘れさせることに成功したかもしれない。その英雄的行為とは、銃剣の森の背後に隠れて安全を実感し、「相手方から」自分の陣営に投降してきた軍隊の勤務を受け入れる、ということにあるのだが。そうする代わりに、城伯諸氏は一月六日の晩に、政治的手腕のある弁舌を振るって懸念を表明し、ボナパルトにシャンガルニエの解任を引っ込めさせるために、エリゼ宮に赴いた。ある人を説得しようとすることは、その当人を状況の命令権者として承認することである。ボナパルトは、この行為によって自信をもち、一月一二日に新しい内閣を任命するが、旧内閣の指導者、フルドとバロシュは留任する。サン＝ジャン・ダンジェリが陸軍大臣になり、『モニトゥール』はシャンガルニエの解任命令を発表し、シャンガルニエの指揮権は、第一師団を受けもつバラゲ・ディリエと、国民衛兵を受けもつペロに分け与えられる。社会の防塁「シャンガルニエ」が退役し、そして屋根の上から石が落ちてはこないとしても、その代わりに株式相場が上昇する。

シャンガルニエの姿をまとって自由に使ってくれと申し出た軍隊を突き返し、こうして取り返しのつかない形で軍隊を大統領に引き渡すことによって、秩序党は、支配という使命をブルジョアジーが失ったことを明らかにする。議会内閣はもはや存在しなかった。今また軍隊と国民衛兵の手綱を失うことによって、秩序党には、議会が人民から奪った権力を人民に対して維持すると同時に、大統領に対抗して立憲的権力を維持するために、いったいどのような権力手段が残されていただろうか？　何もなかった。彼らに残されていたのは、非暴力的な原理に訴えることだけだったが、その原理は、第三者に対して定める一般的規則であって、自分自身がその分だけ自由に動けるようにするためのものにすぎないと彼ら自身いつも解釈してきたものであった。シャンガルニエの解任でもって、つまり軍事権力がボナパルトの手に帰したことでもって、われわれが考察している時代、秩序党と執行権力との闘争の時代の第一章は終わる。両権力間ではいまや公然と宣戦が布告されており、戦争が公然と遂行されるが、それは秩序党が武器と兵士を失った後になってのことである。内閣をなくし、軍隊をなくし、人民をなくし、世論をなくし、五月三一日の選挙法以降はもはや主権者たる国民の代表でもなく、目もなく耳もなく歯もなく、すべてをなくして、国民議会はしだいに、行動は政府にゆだねて自分自身は事後的にぶつぶつと抗議することで満足しなければならない、昔のフランスのパルルマン[*15]のようなものに転化してしまった。

秩序党は、新しい内閣を憤激の嵐で迎える。ブドー将軍は、休暇中の常任委員会の手ぬるさと、常任委員会が議事録の公表を断念した行きすぎた思いやりに注意を喚起する。内務大臣［バロシュ］がいまや自分でこの議事録の公表を要求するが、それは今となってはもちろん長く放置された炭酸水のように気の抜けたものになっており、新しい事実を何も明らかにせず、思い上がった公衆にわずかな効果を及ぼすこともない。レミュザの提案で、国民議会は事務室に引き下がり、「非常措置委員会」を任命する。この瞬間には商業は繁栄しており、製造業は忙しく、穀物価格は低く、食料は満ちあふれ、貯蓄銀行は毎日新たな預金を獲得しているので、それだけにパリは日常秩序の軌道から歩み出ようとしない。議会がかくも騒々しく告知した「非常措置」は、シャンガルニエ将軍の名が挙げられることもないまま、一月一八日に大臣たちに対する不信任投票という形ではかなく消えた。秩序党は、共和派の票を確保するために、彼らの投票をこう表現せざるをえなかったのだが。というのは、共和派は内閣のすべての措置のうちでまさにこのシャンガルニエの解任だけを承認しており、それに対して、それ以外の内閣の行為は秩序党自身が押しつけたものであって、それらを非難することは秩序党には事実上できないからである。

一月一八日の不信任投票は、四一五票対二八六票で可決された。したがってそれは、断固たる正統王朝派とオルレアン派が、純粋共和派やモンターニュ派と連合することによって通過させたものにすぎない。したがって、それが証明したのは、秩序党が、内閣だけでなく、軍隊だけでなく、ボナパルトとの紛争の中で独立した議会内多数派の地位をも失ってしまったこと、議員の一部隊が、仲裁への熱狂から、闘争への恐れから、疲労から、自分の親戚が手にしている国家俸給への家族的思いやりから、空席になる大臣の椅子への思惑から（オディロン・バロ）、普通のブルジョアがそのためにいつも自分の階級の全体利益をあれこれの私的動機の犠牲にする傾向のある月並みなエゴイズムから、自分たちの陣営を脱走したこと、であった。ボナパルト派の議員は、はじめからただ革命との闘争の中で秩序党に所属したにすぎない。カトリック党の指導者モンタランベールは、議会の党［秩序党］の生命力に絶望していたので、当時すでに自分の影響力をボナパルトの天秤皿に投じていた。最後に、議会の党の指導者たち、オルレアン派のティエールと正統王朝派のベリエは、自ら公然と共和派だと宣言し、心は王のものだが頭脳は共和派の考え方をしており、議会的共和制がブルジョアジー全体の支配のための唯一可能な形態だ、と告白せざるをえなかった。彼らはこうして、自分たちが議会の背後で辛抱強く追求し続けてきた王政復古計画に対して、ブルジョア階級自身の目の前では、危険であるとともに無分別な陰謀という烙印を押さざるをえなかったのである。

一月一八日の不信任投票は大臣たちには打撃を与えたが、大統領には与えなかった。しかし、大統領がシャンガルニエを解任したのであって、大臣たちではなかった。秩序党はボナパルト自身を告発すべきだったのだろうか？　彼の王政復古欲を理由に？　それは、彼ら自身の王政復古欲を補足するものにすぎなかった。軍隊の閲兵式や一二月一〇日会でのボナパルトの陰謀を理由に？　彼らはこの論題を、ずっと以前にたんなる議事日程の中に埋葬してしまっていた。一月二九日と六月一三日の英雄を、つまり一八五〇年五月には暴動が起こったなら四方八方からパリに火をつけると脅迫した男［シャンガルニエ］を、解任したことを理由に？　秩序党の同盟者であるモンターニュ派とカヴェニャックは、倒壊した社会の防塁を公式の弔意表明によって慰めることさえ、秩序党に許さなかった。秩序党自身、大統領が一将軍を解任する憲法上の権限をもつことを否認できなかった。彼らはただ、大統領がその憲法上の権利を非議会的に用いたからというので、たけり狂ったにすぎない。彼らにしても、自分たちの議会の優先権をたえず非憲法的に用いてきたし、特に普通選挙権の廃止の際にはそうしたのではなかったか？　したがって、彼らは議会の制約内ぎりぎりのところで動くことにならざるをえなかった。そして、議会権力のすべての条件を破壊したし、他の諸階級との闘争においてそれを破壊しないわけにはいかなかった彼らが、自分たちの議会での勝利をなおも勝利だとみなし、大臣たちを打つことで大統領に打撃を与えていると思い込んでいるのだとすれば、そうなるには、一八四八年以来大陸全体に蔓延したあの独特の病気が欠かせなかった。すなわち、伝染した者を幻覚の世界に呪縛し、荒涼たる外界に対するすべての感覚、すべての記憶、すべての理解を奪う、議会的クレチン病、この議会的クレチン病が欠かせなかったのである。秩序党は大統領に、国民議会を改めて国民の目の前で辱める機会を与えたにすぎなかった。一月二〇日に『モニトゥール』は、内閣総辞職が受諾されたと報じた。

一月一八日の投票が、つまりモンターニュ派と王政派との連合のこの成果が証明したように、議会のどの党派ももはや多数派を占めていないという口実で、そして多数派の新たな形成を待つためという口実で、ボナパルトはいわゆる中継内閣を任命したが、これには議会のメンバーは含まれず、まったく無名で重要でない人物ばかりの、たんなる番頭と書記の内閣だった。秩序党は今ではこれらの操り人形と遊び疲れればいいし、執行権力は、もはや本気で国民議会の中で代表されるために苦労するまでもないと考えた。大臣たちがまったくのその他大勢の端役になればなるほど、ボナパルトは、それだけいっそう目に見えて執行権力全体を彼自身に集中し、それだけいっそう自由な裁量の余地を自分の目的のために利用することができた。

モンターニュ派と連合した秩序党は、大統領への一八〇万フランの贈与金を拒否することによって復讐したが、この贈与金は、一二月一〇日会の首領が自分の内閣の番頭に無理やり提案させたものであった。今回はわずか一〇二票差の多数で決定したので、一月一八日以来新たに二七票が離反していたのであり、秩序党の解体は進行していた。それによって自分たちとモンターニュ派との連合の意味について一瞬も思い違いしないように、秩序党は同時に、モンターニュ派の一八九人のメンバーが署名した政治犯の全面的大赦の動議をただ考慮に入れることさえもはねつけた。ヴァイスとかいう内務大臣が次のように説明するだけで十分だった。すなわち、平穏は外見上のものにすぎず、秘密裏に大がかりなアジテーションが優勢をきわめ、秘密裏にいたるところ結社が組織され、民主派の新聞が再刊のための準備をし、諸県からの報告は好ましくなく、ジュネーヴの亡命者たちがリヨンを経由して南フランス全体に行き渡る陰謀を指導しており、フランスは工業恐慌と商業恐慌の一歩手前にいて、ルベの工場主たちは労働時間を短縮し、ベル・イル[16]の囚人たちが暴動を起こした、と——ヴァイスとかいう人物が赤い幽霊を呼び出しさえすれば、それで十分なのであって、それによって秩序党は、国民議会にものすごい人気を獲得させ、ボナパルトを国民議会の腕の中に押し戻したにちがいない動議を、討論もせずに却下したのである。執行権力から新たな不穏の見通しによっておびえさせられる代わりに、秩序党はむしろ、執行権力を自分に従属させておくために、階級闘争にささやかな余地を与えなければならなかったであろうに。しかし秩序党は、火遊びは自分の手に負えない仕事だと感じていた。

その間にいわゆる中継内閣は、四月半ばまで無気力に細々と暮らした。ボナパルトは、たえず続く新しい大臣の組み合わせで国民議会を疲れさせ、からかった。彼は、ときにはラマルティーヌとビヨーで共和派の内閣を作るつもりでいるように見えたし、ときには、だまされやすい人が必要ならばその名はけっして欠かせない、相も変わらぬオディロン・バロで議会内閣を、ときにはヴァティメニルとブノア・ダジで正統王朝派の内閣を、ときにはマルヴィルでオルレアン派の内閣を作るつもりでいるように見えた。彼は、こうして秩序党のさまざまな分派相互間に緊張関係を作り出し、また彼ら全部を、共和派内閣やその後に不可避となる普通選挙権復活の見込みで心配させながら、その一方では同時に、ブルジョアジーには、議会内閣を求める彼の誠実な努力が王政派諸分派の頑なさにぶつかって挫折したのだと確信させた。しかし、いまや全面的な商業恐慌がますます近づきつつあるように思われたし、そのことが都市では社会主義の宣伝をし、同様に、農村では穀物価格の破滅的な低さが社会主義の宣伝をすればするほど、ブルジョアジーはそれだけいっそう大きな声で「強い政府」を求めて叫び、フランスを「行政指導なしに」放置することをそれだけいっそう許しがたいと思うようになった。商業は日ごとに売れ行き不振になり、失業者が目に見えて増加し、パリでは少なくとも一万人の労働者が仕事を失い、ルアン、ミュルーズ、リヨン、ルベ、トゥルコアン、サン・テティエンヌ、エルブーフなどでは無数の工場が操業を停止した。このような状況なので、ボナパルトは四月一一日に、一月一八日の内閣をあえて復古させることができた。ルエ、フルド、バロシュなどの諸氏がレオン・フォシェ氏によって補強されたが、彼は、憲法制定議会の最後の日々に、議会が五人の大臣の票を除く全員一致で、偽の急送公電［外交上の至急電報］を広めたという理由で不信任決議で烙印を押した人物であった。国民議会は、したがって一月一八日に内閣に対して一つの勝利を収め、三ヵ月間ボナパルトと戦ったのだが、それは、四月一一日にフルドとバロシュがピューリタンのフォシェを彼らの内閣同盟に第三番目のメンバーとして加えることができるようにするためであった。

ボナパルトは、一八四九年一一月には非議会的内閣で、一八五一年一月には議会外の内閣で満足したが、四月一一日には、自分が反議会的内閣を作るに十分な力をもっていると感じた。その内閣は、二つの議会の、つまり憲法制定議会と立法議会、共和派の議会と王政派の議会の不信任投票を調和的に併せもっていた。内閣のこの段階系列は、議会が自分の体温の低下を測ることのできる体温計であった。議会の体温は、四月末には、ペルシニがシャンガルニエに個人的な会談で、大統領の陣営に移るよう促すほどにまで低下した。ボナパルトは、とペルシニはシャンガルニエに保証した、国民議会の影響力は完全に根絶されたとみなしており、たえず目論まれてきたが、たまたま再び延期されているだけのクーデタの後に発表されるはずの宣言は、すでに用意されている。シャンガルニエは秩序党の指導者たちにこの［国民議会の］死亡通知を届けたが、アブラムシにかまれたら死ぬなどと誰が信じるだろうか？　そして議会は、あのように打ちのめされ、解体され、死んで腐敗していたにもかかわらず、一二月一〇日会のあのグロテスクな首領との決闘を、アブラムシとの決闘以外のものだと見ることがどうしてもできなかった。しかしボナパルトは、アゲシラオスがアギス王に答えたのと同じように、秩序党にこう答えた。「私は君にはアリに見えるだろうが、いつかライオンになるだろう」。[*17]

第六章

軍事権力を保持し続け、執行権力の最高指揮権を奪還しようとするむなしい努力の中で、秩序党が、モンターニュ派および純粋共和派と連合する運命にあると考えたということは、彼らが独立の議会内多数派の地位を失ってしまったということを反論の余地なく証明した。たんなるカレンダーの力、時計の針の力が、五月二八日には秩序党の完全な解体に合図を与えた。五月二八日をもって国民議会の生涯の最後の年が始まった。[*1] 議会はいまや、憲法を変更せずに存続させるか、それとも改正するか、決定しなければならなかった。しかし、憲法改正が意味するのは、ブルジョアジーの支配かそれとも小市民的民主主義か、民主主義かそれともプロレタリア的無政府か、議会的共和制かそれともボナパルトか、という選択だけでなく、同時にオルレアンかそれともブルボンか、という選択でもあった! こうして議会の真ん中にエリスのリンゴ[*2]が落ちてきたのであり、それをめぐって、秩序党を敵対的な諸分派に分かつ利害抗争が公然と燃え立つことは必然だった。秩序党は、異質な社会的物質の化合物であった。憲法改正問題は、この生成物を再び元の成分に分解させずにはおかない政治的温度を生み出したのである。

改正へのボナパルト派の利害関心は単純だった。彼らにとって重要なのは、何よりもボナパルトの再選を禁じ、彼の権力の任期延長を禁じた第四五条の廃止であった。共和派の立場も、同様に単純であるように思われた。彼らはあらゆる改正を無条件で拒否し、改正を共和制に対する全面的な陰謀だと考えた。彼らは国民議会の四分の一以上の票を手中にしており、そして憲法に従えば、法律上有効な改正の議決と憲法改正議会の召集には四分の三の投票が必要であったので、彼らが勝利を確信するには、自分たちの票を数えさえすればよかった。実際に、彼らは勝利を確信していた。

これらの明快な立場に対して、秩序党は収拾のつかない矛盾に陥っていた。改正を拒否するならば、彼らは、ボナパルトに一つの逃げ道、暴力という逃げ道しか残さないことによって、そして一八五二年五月二日の決定の瞬間に、権威を失った大統領、はるか以前からもはや権威をもっていない議会、権威を奪還しようと考えている人民を備えた革命的無政府状態にフランスをさらすことによって、現状を危うくすることになったであろう。憲法に基づく改正に賛成投票するとしても、彼らは、それは無駄な投票であって、共和派の拒否権にあって憲法の規定によって挫折するにちがいないことを知っていた。憲法に違反して単純多数決が拘束力をもつと宣言するならば、彼らは革命を抑制することさえできなかっただろうし、もし彼らが無条件で執行権力に服従すれば、彼らはボナパルトを、憲法に対する、憲法改正に対する、そして彼ら自身に対する命令権者にすることになったであろう。大統領の権力を延命させる、たんに部分的な改正は、帝政派の簒奪に道を開いたであろう。共和国の寿命を縮める全面的な改正は、各王政派の請求権を避けがたく衝突させたであろう。なぜなら、ブルボン派の王政復古の条件とオルレアン派の王政復古の条件とは異なるだけでなく、両立しないものだったからである。

議会的共和制は、フランスのブルジョアジーの二つの分派、正統王朝派とオルレアン派、大土地所有と工業が、同じ権利をもって同居することができる中立地帯以上のものだった。それは、彼らの共同の支配に絶対必要な条件であり、彼らの特定の分派の要求も、社会のその他すべての階級も同時に、彼らの一般的な階級利害に従属する、唯一の国家形態であった。王政派としては、彼らは自分たちの昔ながらの対立に、土地所有の優位かそれとも貨幣の優位かをめぐる闘争に逆戻りしたが、この対立の最高の表現、この対立の人格化が、彼らの王自身であり、彼らの王朝であった。こういうわけで、ブルボン家の召還に対して秩序党は反対するのである。

オルレアン派で人民代表であるクルトンは、一八四九年、一八五〇年、一八五一年と定期的に、王族に対する国外追放令を廃止する動議を提出した。議会も同じように定期的に、自分たちの国外追放された国王に対して強情に帰国のドアを閉ざす王政派の議会、という芝居を見せた。リチャード三世は、ヘンリー六世はこの世では善良すぎて天国にふさわしい人物だと説明して、ヘンリー六世を殺害した。[*3] ブルジョアジーは、フランスはその国王を再びもつには悪質すぎる、と宣言した。状況の力によって、彼らは共和派になることを強いられ、自分たちの国王をフランスから追い払った人民の決定を、くりかえし追認したのである。

憲法の改正——状況がこれを考慮するよう強いたのだが——は、共和制に疑問を投げかけると同時に二つのブルジョア分派の共同支配に疑問を投げかけ、君主制の可能性を呼び戻すとともに、君主制が交互に優先的に代表してきた諸利害の競争関係を、一つの分派の他の分派に対する優位をめぐる闘争を、呼び戻した。秩序党の外交家たちは、二つの王朝の融合によって、王政派諸党派と彼らの王家のいわゆる合併によって、この闘争を調停することができると信じた。王政復古と七月王政との現実の合併が議会的共和制であり、その中でオルレアン派と正統王朝派の色調は拭い消され、複数のブルジョア種はまったくのブルジョアというもの、ブルジョア類の中に消え去った。しかしいまや、オルレアン派は正統王朝派に、正統王朝派はオルレアン派になるべきなのであった。彼らの対立を人格化した王位が、彼らの統一を体現すべきであり、彼らの排他的な分派利害の表現が、彼らの共通の階級利害の表現になるべきであり、二つの君主制の廃棄だけが、つまり共和制だけが成し遂げることができたし、現に成し遂げたことを、君主制が成し遂げるべきなのであった。これこそが、秩序党の博士たちが作り出すのに頭を痛めた賢者の石なのであった。まるで正統王朝の君主制がいつの日か工業ブルジョアの君主制に、あるいは市民的王位がいつの日か先祖伝来の土地貴族の王位になることができるかのようであった。まるで土地所有と工業が一つの王冠の下で兄弟の交わりを結ぶことができるかのようであった。その場合、王冠は兄の頭か弟の頭か、一つの頭にしかのせられないのだが。まるで、土地所有が自ら工業的になる決心をしていないうちに、工業がそもそも土地所有と和解することができるかのようであった。アンリ五世が明日死んだとしても、だからといって、パリ伯が正統王朝派の国王になることはないであろう。彼がオルレアン派の国王であることをやめるなら話は別だが。だが、合併の哲学者たちは、憲法改正問題が前面に出てくるにつれてのさばってきて、『アサンブレ・ナシオナル』[*4]

という形で正式の日刊機関紙をすでに創刊しており、さらにこの瞬間（一八五二年二月）には再び仕事にかかっていたのだが、その彼らは、困難はすべて二つの王朝が反抗し競争しあっていることによる、と説明した。オルレアン家とアンリ五世とを和解させようとする試みは、ルイ＝フィリップの死後に開始されたが、そもそも王政派の陰謀と同様、ただ国民議会の休暇中に、幕間に、舞台の裏で演じられるにすぎず、真剣な仕事というより、むしろ感傷的に古い迷信をもてあそぶものであった。それが、いまや国事行為となり、これまでのように素人芝居の舞台ではなく、秩序党によって公の舞台で上演されたのである。急使がパリからヴェネツィアへ、ヴェネツィアからクレアモントへ、クレアモントからパリへ飛んだ。[*5] シャンボール伯［アンリ五世］は、「家族全員の助けを得て」、彼の王政復古ではなく「国民的な」王政復古を予告する宣言[*6]を公布する。オルレアン派のサルヴァンディがアンリ五世の足元にひれ伏す。正統王朝派の指導者ベリエ、ブノア・ダジ、サン＝プリーストが、オルレアン家を説得するためにクレアモントに向かうが、無駄に終わる。合併論者たちが、二つのブルジョア分派の利害は、それが家族の利害や二つの王家の利害という形態に先鋭化する場合、排他性を失いもしないし、柔軟性が得られるわけでもない、ということに気づいたときには、遅すぎた。アンリ五世がパリ伯を後継者として承認したとしても——これが、合併が最もうまくいった場合に達成しえた唯一の成果なのだが――、オルレアン家は、アンリ五世に子供がないことですでに保障されていたもの以外にはどんな請求権も獲得しないまま、七月革命によって獲得していた権利をすべて失うことになったであろう。オルレアン家は、その元来の請求権を、一〇〇年以上にわたる闘争でブルボン家の古いほうの分家から闘い取ったすべての権限を、放棄することになったであろうし、その歴史的な優先権、近代的王権という優先権を、自分の系図の優先権と交換することになったであろう。したがって合併とは、オルレアン家の自発的な退位、正統王朝派によるオルレアン家の放棄、プロテスタントの国家教会からカトリックの国家教会への改悛を伴う後退、にほかならなかった。おまけにオルレアン家を自らが失った王座へと連れ戻すのではけっしてなく、自分の出生地である、王座への階段へと連れ戻す後退であった。合併を斡旋するために同様にクレアモントに急いだ、昔のオルレアン派の大臣ギゾー、デュシャテル等々は、事実上、七月革命の歓楽への後悔、市民王と市民の王権とへの絶望、無政府状態に対する最後の護符としての正統王朝への迷信を代表したにすぎない。彼らはオルレアン家とブルボン家の調停者を自負していたが、現実には背教したオルレアン派にすぎず、現にジョアンヴィル公は彼らをそのようなものとして遇した。それに対して、オルレアン派の生活力のある好戦的な分子、ティエール、バーズ等々は、それだけ容易にルイ＝フィリップの家族に次のことを納得させた。すなわち、即座に君主制を復活させることは、いずれにせよ二つの王朝の合併を前提とするが、そのような合併は、いずれにせよオルレアン家の退位を前提とするのだとすれば、それに対して、当分は共和制を承認し、大統領の椅子を王座に変えるのを事態が許すまで待つことこそが、まったく先祖の伝統にかなうことだ、ということである。ジョアンヴィルの立候補が噂として広められて公衆の好奇心が宙づりにされ、数カ月後、憲法改正が却下された後の九月に、立候補は正式に表明された。

オルレアン派と正統王朝派との王政派合併の試みは、こうして挫折しただけではなく、彼らの議会での合併、彼らの共和派的共同形態を破壊してしまい、秩序党を再びその本来の構成要素に分解してしまった。しかし、クレアモントとヴェネツィアとの疎遠さが増大し、両者の和解が打ち砕かれ、ジョアンヴィル・アジテーションが広がれば広がるほど、ボナパルト派の大臣であるフォシェと正統王朝派との交渉は、それだけいっそう熱心で真剣なものになった。

秩序党の解体は、その元の要素に分かれたところで止まってはいなかった。二大分派のどちらもが、それぞれ新たに分解した。その様子はまるで、正統王朝派にしろオルレアン派にしろ、二つのサークルそれぞれの内部で以前から抑えられ、ひしめきあっていた、昔の色合いの微妙な差異のすべてが、干からびた繊毛虫が水に触れたときのように、再び溶け出てきたかのようであり、それらが新たに、独自のグループと独立した諸対立を形成するのに十分な生命力を獲得したかのようであった。正統王朝派は、テュイルリ宮とマルサン館との間、ヴィレールとポリニャックとの間の係争問題に連れ戻された夢を見た[*7]。オルレアン派は、ギゾー、モレ、ブロイー、ティエール、オディロン・バロの間の勝ち抜き試合という黄金時代を改めて経験した。

　憲法改正はしたいが、改正の範囲についてはまたもや意見が一致しない、秩序党の一部は、一方ではベリエとファルー、他方ではラロシュジャクランが率いる正統王朝派と、モレ、ブロイー、モンタランベール、オディロン・バロが率いる闘いに疲れたオルレアン派とから構成されていたが、次のような漠然とした広く解釈できる動議を提出することで、ボナパルト派の議員と合意した。「署名した議員たちは、国民にその主権の完全な行使を返還するために、憲法改正を発議する」。しかし、同時に彼らは全員一致で、彼らの報告者であるトクヴィルを通して、国民議会は共和制の廃止を提案する権利をもたず、この権利は憲法改正議会にのみ帰属すべきものである、しかも憲法は「合法的な」仕方でのみ、したがって憲法に規定された総票数の四分の三が改正に賛成した場合にのみ、改正されうる、と宣言した。[*8] 六日間にわたる嵐のような討論の後、七月一九日に、憲法改正は、予想通り否決された。賛成四四六票、反対二七八票であった。断固たるオルレアン派のティエール、シャンガルニエ等々は、共和派やモンターニュ派と一緒に［反対］投票した。

議会の多数派はこのように憲法への反対を表明したが、この憲法そのものは少数派への賛成を表明し、少数派の決定が拘束力をもつと表明した。しかし秩序党は、一八五〇年三月三一日には、一八四九年六月一三日には、憲法を議会の多数派に従属させたのではなかったか？　彼らのこれまでの政策全体が、憲法の条文を議会の多数決に従属させることに基づいていたのではなかったか？　彼らは、法律の字句に対する旧約聖書的迷信は民主派に任せ、民主派がそうすることを懲らしめてきたのではなかったか？　しかし、この瞬間には、憲法の改正とは大統領の権力の持続にほかならなかったし、憲法の持続とはボナパルトの解任にほかならなかった。議会はボナパルトへの支持を表明したが、憲法は議会への反対を表明した。したがって、ボナパルトが憲法を引き裂いたときには、彼は議会の意向に添って行動したのであり、彼が議会を追い散らしたときには、憲法の意向に添って行動したのである。

議会は、憲法が、そして憲法とともに議会自身の支配が「多数派の外に」あると表明し、自らの議決によって憲法を廃棄して大統領の権力を延長しておきながら、それと同時に、議会自身が存続するかぎり、憲法が死ぬことも大統領が生きることもありえない、と表明したのである。議会を埋葬することになる人々の足は、ドアの前に立っていた。議会が憲法改正を討議していた間に、ボナパルトは、優柔不断な態度を示したバラゲ・ディリエ将軍を第一師団長から退任させ、その代わりに、リヨンの勝利者で、[*9]一二月事件の英雄となるマニャン将軍を任命したが、彼は、すでにルイ＝フィリップ治下のブローニュの出兵事件の際に、多かれ少なかれボナパルトのために働いて信用を落とした、ボナパルトの手下の一人であった。

秩序党はその憲法改正に関する議決によって、自分たちが支配することも仕えることもできず、生きることも死ぬこともできず、共和制に耐えることもそれを転覆することもできず、憲法を毅然として維持することもご破算にすることもできず、大統領と協力することも決裂することもできない、ということを証明した。それでは、彼らは誰にすべての矛盾の解決を期待したのだろうか？　カレンダーに、事態の成り行きに、である。秩序党は、事件に対して権力を振りまわすのをやめた。したがって彼らは、自分たちに暴力を加えるよう事件をそそのかしたのであり、それと同時に、彼らが人民との闘争の中でつぎつぎに属性を譲り渡してきて、自分自身が無力になってそれと向きあうまでになった、その相手の権力を、そそのかしたのである。執行権力の長がそれだけいっそう誰にも邪魔されずに、秩序党に対する戦闘計画を立て、攻撃手段を強化し、道具を選び、陣地を堅固にすることができるようにするために、秩序党は、この危機的な瞬間の最中に舞台から退いて、八月一〇日から一一月四日まで、三カ月間の休会を決めた。

議会の党がその二大分派に解体しただけでなく、この分派のそれぞれがそれ自身の内部で解体しただけでなく、議会内の秩序党が議会外の秩序党と不仲になった。ブルジョアジーの代弁者と律法学者、彼らの演壇と彼らの新聞、つまりブルジョアジーのイデオローグとブルジョアジーそのものとが、代表する者と代表される者とが、互いに疎遠になり、もはや話が合わなくなった。

視野は限られているが、熱狂は無限である地方の正統王朝派は、自分たちの議会の指導者ベリエとファルーを、ボナパルト派の陣営への脱走とアンリ五世からの離反を理由に、懲らしめた。彼らの百合［ブルボン家の象徴であり、無垢の象徴］のような理解力は、原罪は信じても、外交は信じなかった。

はるかに取り返しがつかず、決定的だったのは、商業ブルジョアジーと彼らの政治家との決裂だった。商業ブルジョアジーは、正統王朝派が自分たちの政治家を非難したように、原理に背反したからではなく、反対に、役に立たなくなった原理に固執したからという理由で、政治家たちを非難した。

フルドの入閣以来、ルイ＝フィリップの支配に獅子の分け前を得ていた商業ブルジョアジーの部分、金融貴族がボナパルト派になったことは、すでに前に示しておいた。フルドは、証券取引所でボナパルトの利害を代表しただけでなく、同時にボナパルトのもとで証券取引所の利害を代表した。金融貴族の立場を、彼らのヨーロッパ的機関紙、ロンドンの『エコノミスト』からの一つの引用がきわめて適切に描いている。一八五一年二月一日付の号で、パリ通信は次のように書いている。「フランスは何よりも平穏を求めているということを、いまやわれわれはあらゆる方面から確認している。大統領が立法国民議会への教書でそう表明し、それは国民の演壇からこだまのように響き返し、新聞によって誓われ、教会の説教壇から告知され、きわめてかすかな攪乱でもそれが予期される場合には国債が敏感に反応することによって、また執行権力が勝利するたびに国債が安定することによって、証明されている」。

一八五一年一一月二九日付の号では、『エコノミスト』は社説で次のように説明している。「ヨーロッパのすべての証券取引所で、大統領はいまや秩序の歩哨として認められている」。

したがって金融貴族は、執行権力に対する秩序党の議会闘争を秩序の攪乱だと非難し、彼らの自称代表者に対する大統領の勝利を秩序の勝利として祝った。ここでは金融貴族という言葉で、大口の国債引受人や国債への投機者だけを考えてはならない。彼らに関しては、その利害が国家権力の利害と一致することはすぐわかる。近代的金融業全体、銀行業全体が、公信用ときわめて密接に絡みあっている。銀行の営業資本の一部は、必然的にすぐに交換可能な国債に投資され、利子を生む。銀行預金、つまり銀行の意のままにされ、銀行によって商人や工業家に分配される資本は、大部分が国債金利生活者の配当金から流れ込む。金融市場全体とこの金融市場の司祭たちにとっては、どの時期にも国家権力の安定性がモーセと預言者たち[*10]を意味したのだとすれば、どんな大洪水でも古い国家とともに古い国債を洗い流しそうに思われる今日では、ますますそうではないだろうか?

工業ブルジョアジーも秩序への熱狂の中で、議会の秩序党と執行権力との口げんかに腹を立てた。ティエール、アングレース、サント＝ブーヴ等々は、一月一八日のシャンガルニエ解任事件の際の不信任投票の後で、まさに工業地帯の自分たちの選出母体たる投票者から公然と叱責され、特にモンターニュ派との連合を秩序への大逆罪だと糾弾された。すでに見たように、大統領に対する秩序党の闘争が見せた大言壮語のからかい、こせこせした陰謀は、それ以上の待遇には値しなかったのだとすれば、他方では、このブルジョアの党派は、自分たちの代表に、軍事権力が彼ら自身の議会の手から無抵抗で冒険的王位請求者の手に移るままにするよう要求するのだから、彼らのために無駄に費やされた陰謀にはけっして値しなかったのである。彼らは、彼らの公的利益、彼ら自身の階級的利益、彼らの政治的権力を維持するための闘争を、私的営業の妨害としてたんに迷惑がり、気を悪くしているだけだ、ということを証明した。

県庁所在都市の市民的名士連、市参事会員、商事裁判官等々は、ほとんど一つの例外もなく、いたるところで、巡行したボナパルトをきわめて卑屈な仕方で迎えた。ボナパルトがディジョンで国民議会と特に秩序党を遠慮なく攻撃したときでさえも。

一八五一年はじめにはまだそうだったように、商業が好況なときには、商業ブルジョアジーは、商業の上機嫌が底をつかないよう、あらゆる議会闘争に対してたけり狂った。一八五一年二月末から続いているように、商業が不況のときには、彼らは、議会闘争が不振の原因だと非難し、商業が再び活発になるよう、議会に向かって黙っていてくれとわめきたてた。憲法改正討論は、まさにこの不況期にあたった。ここでは既存の国家形態の生死が問題だったので、ブルジョアジーはそれだけいっそう正当に、このひどい苦悶を与える暫定措置を終わらせると同時に現状を維持するよう、自分たちの代表に要求する権利があると感じた。これは矛盾ではなかった。暫定措置の終焉ということで彼らが理解していたのは、まさにその存続であり、決定すべき瞬間をはるか遠い将来に先延ばしにすることであった。現状は、ボナパルトの権力の延長か、それとも憲法に従ったボナパルトの退任とカヴェニャックの選出か、その二つの方法でしか維持できなかった。ブルジョアジーの一部は後者の解決を望んだが、自分たちの代表には、沈黙して焦眉の論点には触れないでおくように忠告するよりほかにはよい忠告を与えられなかった。自分たちの代表が何も言わなければ、ボナパルトも何もしないだろう、と彼らは考えたのである。彼らは、ひとに見られないでいるために頭を隠すダチョウの議会を望んだ。ブルジョアジーの他の一部は、ボナパルトがいったん大統領の椅子に座ったのだからという理由で、すべてがこれまで通りに運ぶように、ボナパルトをこのまま大統領の椅子に座らせておくことを望んだ。自分たちの議会が公然と憲法に違反せず、あっさりと権力の座から退かなかったことが、彼らを憤慨させた。

各県の県議会、大ブルジョアジーのこの地方代理店は、国民議会の休暇中の八月二五日から開かれたが、ほとんど全員一致で憲法改正への賛成を、したがって議会への反対とボナパルトへの支持を、表明した。

自分たちの議会の代表との不仲よりももっと明白に、ブルジョアジーは、自分たちの文筆の代表者、自分自身の新聞に対する激怒を表した。ボナパルトの権力簒奪欲へのブルジョア・ジャーナリストのあらゆる攻撃に対して、執行権力に反対してブルジョアジーの政治的権利を弁護しようとする新聞のあらゆる試みに対して、ブルジョア陪審員たちが調達不可能な罰金刑や恥知らずな懲役刑を宣告したことは、フランスだけでなく、全ヨーロッパをびっくりさせた。

すでに示したように、議会の秩序党が、平穏を求める叫びによって自分自身に平穏を命じたとすれば、彼らが、社会の他の諸階級に対する闘争の中で自分自身の政体、議会政体の諸条件すべてを自分の手で破壊しつくすことによって、ブルジョアジーの政治的支配はブルジョアジーの安全や存続とは両立しないと表明したとすれば、それに対して議会外のブルジョアジー大衆は、大統領への追従によって、議会に対する誹謗中傷によって、自分たち自身の新聞への冷酷な虐待によって、ボナパルトをそそのかして、自分たちが強力で無制限な政府の保護下で信頼に満ちて自分たちの私的営業に専念できるように、自分たちの話す部分と書く部分、自分たちの政治家と文筆家、自分たちの演壇と新聞を弾圧させ、全滅させた。彼らは、支配の苦労と危険を免れるために、自分自身の政治的支配から免れたくて仕方がないと、あからさまに表明したのである。

そして、自分自身の階級の支配のためのたんなる議会闘争や文筆闘争に対してさえも憤激し、この闘争の指導者たちを裏切ったみじめな連中、卑怯な連中[11]、その彼らが、いまや後になってから、自分たちのためにプロレタリアートが流血の闘争、生死を賭けた闘争に立ち上がらなかったと、あえて非難するのである！　どの瞬間にも自分たちの一般的な階級利害、すなわち自分たちの政治的利害を、きわめて偏狭で不潔な私的利害の犠牲にし、自分たちの代表にも同じような犠牲を無理に要求した彼ら、その彼らがいまや、プロレタリアートが自分の物質的利害のためにブルジョアジーの理念的な政治的利害を犠牲にした、と嘆くのである。彼らは、社会主義者に誤り導かれて利己的になったプロレタリアートに誤解され、決定的瞬間に見捨てられた、美しき魂のように振る舞う。そして彼らは、市民的世界の中に全面的な反響を見いだす。私がここで言っているのは、もちろんドイツの田舎政治家や無節操な連中のことではない。たとえば、一八五一年一一月二九日、したがってクーデタの四日前にはまだ、ボナパルトは「秩序の歩哨」でティエールやベリエは「アナーキスト」だと公言しながら、ボナパルトがそのアナーキストたちを黙らせた後の一八五一年一二月二七日にはすでに、「無知で無作法で愚かなプロレタリア大衆が、中流および上流の社会的身分の技能、知識、規律、精神的影響力、知的資源、道徳的重要さに対して」おこなった裏切りについて叫んでいる、同じ『エコノミスト』のことを言っているのである。愚かで無知で卑しい大衆とは、ブルジョア大衆自身以外の誰でもなかった。

フランスは、たしかに一八五一年には一種の小さな商業恐慌を経験していた。二月末には、一八五〇年に対する輸出の減少が明らかになり、三月には、商業が損なわれて工場が閉鎖され、四月には、工業諸県の状態は二月の日々の後と同じくらい絶望的に見え、五月には、取引はまだ回復するにはいたらず、六月二八日にはまだフランス銀行の有価証券現在高は、預金の恐ろしい増大と手形前貸しの同様に大きな減少によって生産の停滞を示しており、ようやく一〇月半ばになって、取引の漸進的な好転が再び始まった。フランスのブルジョアジーはこの商業不振を、純粋に政治的な原因によるもの、つまり、議会と執行権力との闘争、暫定的であるにすぎない国家形態の不安定性、一八五二年五月二日の恐ろしい見通しによるものだと、自分では説明した。これらの事情すべてがパリと諸県のいくつかの工業部門を押し下げたことを、否認するつもりはない。しかし、いずれにしても、政治的状況のこの影響は、局地的で取るに足りないものにすぎなかった。政治的状態が悪化し、政治的地平線が暗くなり、いまにもエリゼから稲妻が走るかと待たれていたまさにその瞬間の、一〇月半ば頃に、商業の好転が始まったということ以外に、何か証拠が必要だろうか？　フランスのブルジョアジーの「技能、知識、精神的洞察力、知的資源」は自分の鼻より遠くには届かないのだが、それはそうとして彼らは、ロンドンの産業博覧会[*12]の開催期間中は、自分の商業のみじめさの原因を鼻面に突きつけることはできた。フランスでは工場が閉鎖されたのに対して、イングランドでは商業的破産が生じた。フランスでは四月と五月に工業恐慌が頂点に達したのに対して、イングランドでは四月と五月に商業恐慌が頂点に達した。フランスの毛織物工業と同様にイングランドの毛織物工業も不振だったし、フランスの絹工業と同様にイングランドの絹工業も不振だった。イングランドの木綿工場は引き続き操業したけれども、もはや一八四九年や一八五〇年と同じ利潤は得られなかった。違いはただ、フランスの恐慌は工業的で、イングランドの恐慌は商業的だったということ、フランスでは工場は操業停止したのに対して、イングランドでは工場は拡張されたが、前年や前々年に比べて不利な条件下にあったということ、フランスでは輸出が、イングランドでは輸入が主に打撃を受けたということ、にすぎなかった。当然にもフランス的・政治的な地平線の境界内部に探し求めるべきではない、共通の原因は、明白であった。一八四九年と一八五〇年は、最大の物質的繁栄と過剰生産の年であり、過剰生産は一八五一年にようやくそれとして現れた。過剰生産は、この年のはじめには産業博覧会の見込みによってさらに特別に促進された。固有の事情として、次のことがさらに付け加わった。はじめに一八五〇年と一八五一年の綿花収穫の不作、次に期待された以上の綿花収穫の確実さ、はじめに綿花価格の上昇、次に突然の下落、つまり変動。生糸収穫高は、少なくともフランスではまだ平均収穫高以下に下がっていた。最後に毛織物工業は、一八四八年以来ひじょうに拡張していて、羊毛の生産がそれに追いつくことができず、原毛価格が毛織物製品価格ときわめて不釣り合いに上昇するほどであった。したがって、三つの世界市場工業の原料のうちに、すでに商業不振の三重の材料があるのである。この特別の事情を別にすれば、一八五一年の外見上の恐慌は、一休みにほかならなかった。過剰生産と過剰投機が工業的循環を描く中で、最後の循環部分を性急に駆け抜けてその出発点に、全面的な商業恐慌に再び到達しようとして、最後の力を振り絞る前に、いつでもとる一休みである。商業史のそのような幕間には、イングランドでは商業的破産が突発し、それに対してフランスでは、工業そのものが停止する。それはフランス工業が、一つには、まさに当時あらゆる市場でイングランド人との競争に耐えられなくなって後退を強いられたからであり、一つには、特にあらゆる取引不振によって打撃を受ける奢侈品工業だからである。こうしてフランスは、全面的恐慌だけでなく、それ自身の国民的商業恐慌を被るが、しかしそれは、フランスの局地的影響よりもはるかに多く世界市場の一般的状態によって規定され、制約されるのである。フランスのブルジョアの偏見とイングランドのブルジョアの判断とを対置してみるのは、興味深いことだろう。リヴァプール最大の商事会社[*13]の一つは、一八五一年度の年次営業報告に次のように書いている。「いま終わった年ほど、年初の予想を大きく裏切った年はなかった。ひとが一致して期待した大きな繁栄の代わりに、四半世紀来の最も落胆させる年の一つであることがわかった。これはもちろん商人階級にだけ言えることであって、工業階級にはあてはまらない。それでも、たしかに年初には逆のことを推論する根拠があった。製品在庫は不足で、資本はあり余り、食料は安く、実り豊かな秋が確実視されていた。大陸では平和が維持され、国内には政治的あるいは財政的障害はなかった。事実、商業の翼がこれほど束縛のないことはこれまでなかった。……この思わしくない結果は、誰のせいなのだろうか？　われわれは、輸入ならびに輸出における過剰取引のせいだと信じる。われわれの承認が自分で自分の活動を厳密に制限しないならば、この先三年ごとの恐慌以外には何もないこともありうる」。

さて、フランスのブルジョアを思い浮かべてみてほしい。この取引恐慌の最中に、取引に悩んでいる彼の脳は、クーデタや普通選挙権の復活についての噂、議会と執行権力との闘争、オルレアン派と正統王朝派とのフロンド戦争、南フランスでの共産主義者の陰謀、ニエーヴル県とシェール県でのジャクリー［農民一揆］と称されるもの、さまざまな大統領候補たちの誇大広告、新聞雑誌の大道商人的な解決、武器を手にして憲法と普通選挙権を守るつもりだという共和派の脅迫、一八五二年五月二日に世界が没落すると予告する異国に亡命した英雄たちの福音によって責めさいなまれ、取り巻いて群がられ、耳も聞こえなくなったブルジョアを。そのような姿を思い浮かべてみれば、ブルジョアが、合併、改正、任期延長、憲法、陰謀、連合、亡命、権力簒奪、革命のこの名状しがたい騒々しい混乱の中で、自分の議会的共和制に対して「終わりのない恐怖より、いっそ恐怖で終わるほうがいい！」と狂ったように息巻いたことも、納得がいくであろう。

ボナパルトは、この叫びを理解した。彼の理解能力は、ますます大きくなる債権者たちの凶暴さによって鋭敏になったのだが、この債権者たちは、日が沈むたびに一八五二年五月二日の満期日が近づいてくるのを見て、自分たちの地上での手形に対する支払いの拒絶を示す天体運動を探知したのである。彼らは真の占星術師になっていた。国民議会は、ボナパルトから彼の権力を立憲的に任期延長するという希望を奪ってしまい、ジョアンヴィル公の立候補は、これ以上のためらいを許さなかった。

それが登場するはるか以前からその影を前方に投げかけていた事件というものが今までにあったとすれば、ボナパルトのクーデタがそれであった。選出されてまだ一カ月もたたない一八四九年一月二九日にはすでに、彼は、シャンガルニエにクーデタを提案していた。一八四九年夏には、彼自身の総理大臣オディロン・バロが婉曲に、一八五〇年冬には、ティエールが公然と、クーデタ政策を告発していた。一八五一年五月には、ペルシニがシャンガルニエをもう一度クーデタのために抱き込もうとして、「反ボナパルト派の」『メサジェ・ド・ラ・サンブレ』[*14]がこの交渉を暴露し、ボナパルト派の新聞は、議会の嵐のたびにクーデタで脅迫したが、危機が近づくほど、それだけいっそうその口調は声高になった。ボナパルトが毎晩紳士淑女風のごろつき連中と一緒に祝った飲めや歌えの乱痴気騒ぎでは、真夜中が近づいてたっぷり飲んだ酒のせいで舌がゆるみ、空想が熱くなるたびに、翌朝のクーデタが決定された。剣が抜かれ、グラスが音を立て、議員たちは窓から逃げ出し、皇帝のマントがボナパルトの肩にかけられたが、ついに次の朝になって再び幽霊が追い払われると、隠し立てのできない女神ヴェスタの巫女「純潔な処女」たちや口が軽い勇士たちによって驚かされたパリは、自分がまたしても危険から逃れたことを知らされた。九月と一〇月には、クーデタについての噂がつぎつぎに聞こえてきた。同時に、影は、着色銀板写真のように、色に染まってきた。

ヨーロッパの日刊紙の九月と一〇月の二ヵ月分の合冊を参照してみれば、文字通り次のようなほのめかしを見いだすだろう。すなわち、パリはクーデタの噂でもちきりである。首都は夜の間に軍隊でいっぱいになり、翌朝には、国民議会を解散し、セーヌ県を戒厳令下におき、普通選挙権を復活させ、人民に呼びかける布告が出されるということである。ボナパルトは、この非合法的な布告を実行するための大臣たちを探しているということである。こう報道する通信は、いつも一言「延期された」という言葉で終わる。クーデタはつねにボナパルトの固定観念であった。この観念を携えて、彼はフランスの地に再び足を踏み入れた。この観念は彼にしっかり取り憑いていたので、彼はたえずそれをほのめかし、口走った。彼はひじょうに弱気だったので、同様にたえず再びそれを断念した。クーデタの影は、パリっ子たちには幽霊としてひじょうに親しいものになっていたので、それがついに生身のものとなって現れたときには、彼らはそれを信じることができなかった。したがって、クーデタを成功させたのは、一二月一〇日会の首領の口の堅い自制心でもなければ、国民議会にとっての予期せぬ不意打ちでもなかった。それが成功だったとすれば、それは、ボナパルトの口の軽さにもかかわらず、国民議会も承知のうえで、成功したのであり、それに先行する発展の必然的で避けられない結果だったのである。

一〇月一〇日にボナパルトは、普通選挙権を復活させるつもりだという決定を彼の大臣たちに知らせ、一六日に大臣たちは辞表を出し、二六日にパリはトリニ内閣の組閣を知らされた。それと同時に警視総監カルリエがモーパに置き換えられ、第一師団長マニャンは、最も信頼できる連隊を首都に集結した。一一月四日に国民議会が会期を再開した。国民議会は、すでに修了した課程を簡潔な復習講義でくりかえし、自分は死んでしまった後にはじめて埋葬されたのだということを証明する以外には、もはやすることがなかった。

国民議会が執行権力との闘争で失った最初の部署は、内閣だった。国民議会は、トリニ内閣を、たんなる見せかけにすぎない内閣を、完全なものとして甘受することによって、この喪失を厳かに認めなければならなかった。ジロー氏が新内閣を代表して自己紹介したとき、常任委員会は笑い声で彼を迎えた。普通選挙権の復活のような強力な措置のための、こんなにも弱々しい内閣！　しかし、まさに問題だったのは、議会では何も通過させず、すべてを議会に反対して遂行することであった。

再開した初日に、すぐさま国民議会は、普通選挙権の復活と一八五〇年五月三一日の法律の廃止を要求するボナパルトの教書を受け取った。彼の大臣たちは、同じ日にこの意向の法令を提出した。議会は大臣たちの緊急動議を即座に否決し、法律そのものも一一月一三日に三五五票対三四八票[*15]で否決した。国民議会は、こうしてまたしても自分たちの委任を破棄し、自分たちが自由に選ばれた人民の代表から一階級の簒奪した議会へと転化したことをまたしても確証し、議会という頭と国民という身体を結びつける筋肉を自分たち自身で両断したことをまたしても告白した。

執行権力が、普通選挙権復活の動議によって国民議会にではなく人民に訴えたとすれば、立法権力は、監査委員法案によって人民にではなく軍隊に訴えた。この監査委員法案は、議会が軍隊を直接徴用し、議会軍を創設する権利を確立するはずであった。国民議会が、こうして軍隊を自分と人民との間、自分とボナパルトとの間の審判員に任命したとすれば、つまり軍隊を国家の最高権力として承認したとすれば、国民議会は、他方では、自分が軍隊に対する支配請求権をずっと前に放棄していたということを確認しなければならなかった。国民議会は、すぐさま軍隊を徴用する代わりに、徴用する権利を討議することによって、自分自身の権力への疑念を明るみに出した。国民議会は、監査委員法案を否決することによって、自分の無力を公然と認めた。この法案は、一〇八票差の少数で通過しなかったが、そうするとモンターニュ派がそれに最後の決着をつけたのである。国民議会は、ビュリダンのロバ[*16]の状態にあったのであり、たしかに二つの干し草の袋の間で、どちらがより魅力的かを決めるわけではないけれども、どちらに行ってもさんざんに殴られるのなら、どちらがよりひどそうかを決めなければならないのである。一方には、シャンガルニエへの恐怖、他方には、ボナパルトへの恐怖。この状態が英雄的なものではなかったことは、認めなければならない。

一一月一八日に、秩序党自身によって提出された市町村選挙に関する法律に対して、市町村選挙人資格には三年ではなく一年の居住で十分だとする修正動議が出された。この修正動議は、わずか一票差で通過しなかったが、この一票はすぐに間違いであることが判明した。秩序党は、敵対する諸分派に分裂することで、独立した議会多数派の地位をずっと前に失っていた。彼らはいまや、議会にはそもそも多数派がもはや存在しないことを示した。国民議会は決定不能になっていた。原子論的な議会の構成要素は、もはやどんな凝集力によっても結びついておらず、議会は最期の息を引き取っており、死んでいた。

最後に、議会外のブルジョアジー大衆は、議会のブルジョアジーとの決裂を、破局の数日前にいま一度厳かに確認しなければならなかった。ティエールは、議会の英雄として特に議会的クレチン病という不治の病をうつされていたので、議会の死後も国家参事会と新しい議会的陰謀をたくらんでいた。大統領を憲法の拘束のうちに呪縛するはずの責任法である。ボナパルトが、九月一五日のパリの新しい市場ホールの定礎式の際には、中央市場の女たち、つまり魚売りの女たちを、二代目のマザニエロとして魅了したように——たしかに一人の魚売りの女は、実力では一七人の城伯たちに匹敵した——、監査委員法案が提出された後にはエリゼでたっぷりご馳走して中尉たちを熱狂させたように、今この一一月二五日には、ボナパルトは、彼の手からロンドン産業博覧会の受賞メダルを受け取るために円形競技場に集められた工業ブルジョアジーの心を奪った。彼の演説の特徴的な部分を『ジュルナル・デ・デバ』に従って示してみよう。「このような思いがけない成功で、私は次のようにくりかえしてよいと思う。もしフランス共和国が、一方ではデマゴーグによって、他方では君主制の幻覚によってたえず攪乱される代わりに、自分の現実の利益を追求し、自分の諸制度を改革することを許されるとすれば、フランス共和国はどれほど偉大になるだろうか、と（円形劇場のあらゆる部分からの大きな、嵐のような、くりかえしの拍手喝采）。君主制の幻覚は、あらゆる進歩とあらゆるやる気のある工業部門［の発展］を妨げている。進歩の代わりに闘争しかない。以前は国王の権威と優先権の最も熱烈な支持者だったのに、普通選挙権に由来する権威をただ弱めるためだけに、国民公会の同調者になっている連中を見かける（大きなくりかえしの拍手喝采）。革命によって最も苦しめられ、革命を最も嘆いていたのに、新しい革命を挑発する、しかも国民の意志を鎖につなぐためだけに、そうする連中を、われわれは見ている。

……私は諸君に将来にわたる平穏を約束する、等々（ブラヴォー、ブラヴォー、嵐のようなブラヴォー）」。――こうして工業ブルジョアジーは、一二月二日のクーデタに、議会の絶滅に、自分自身の支配の没落に、ボナパルトの独裁に、卑屈なブラヴォーの拍手喝采を送る。一二月二五日の拍手喝采のとどろきは、一二月三日から六日までの大砲のとどろきで返答され、[*17] 一最も多くのブラヴォーで拍手喝采したサランドルーズ氏の家は、最も多くの砲撃を受けてぶち壊された。

クロムウェルは、長期議会を解散したとき、[*18] 一人で議会の中に入り、議会が彼の定めた期限を超えて一分たりとも生き延びないように、時計を取り出し、議会メンバーの一人一人を快活なユーモアのある悪口で追い払った。ナポレオンは、彼の手本よりは「スケールも体格も」小さいが、ブリュメール一八日には少なくとも立法機関に入り、沈んだ声ではあったが、立法機関に対してその死刑判決を読み上げた。二代目のボナパルトは、クロムウェルやナポレオンとはまったく別の執行権力をそのほかに現に確保していたのだが、自分の手本を世界史の年代記にではなく、一二月一〇日会の年代記、刑事裁判権の年代記に探し求めた。彼は、フランス銀行から二五〇〇万フランを盗み、マニャン将軍を一〇〇万フランで、兵士一人一人を一五フランとブランデーで買収し、泥棒のように夜中に自分の相棒とひそかに集まり、最も危険な議会指導者たちの家に押し入らせて、カヴェニャック、ラモリシエール、ルフロー、シャンガルニエ、シャラス、ティエール、バーズ等々をベッドから誘拐させ、パリの主要な場所と議会の建物を軍隊に占領させ、そうして翌朝早くに誇大広告的な貼り紙をあらゆる壁に貼りつけさせ、その中で、国民議会と国家参事会の解散、普通選挙権の復活、セーヌ県への戒厳令布告が公示されるのである。同じように彼は、そのすぐ後で、偽造文書を『モニトゥール』に載せるが、それによれば、影響力のある議会の有名人たちが国家諮問会議という形で彼の周りに結集したことになっていた。

第一〇区の区役所に集まった残存議会[19]は、主に正統王朝派とオルレアン派から構成されていたが、「共和国万歳」とくりかえし叫びながら、ボナパルトの解任を決議し、建物の前であきれて眺めている大衆にいたずらに長々と演説を聞かせ、結局はアフリカ狙撃部隊に護送されて、最初はドルセの兵営に引っ張っていかれ、その後で囚人護送馬車に詰め込まれて、マザス、アン、ヴァンセンヌの刑務所に運ばれる。こうして、秩序党、立法議会、二月革命は終わった。結論を急ぐ前に、簡潔にそれらの歴史の概要を示しておこう。

Ⅰ　第一期。一八四八年二月二四日から五月四日まで。二月の時代。プロローグ。普遍的な友愛妄想。

Ⅱ　第二期。共和制の制定と憲法制定国民議会の時代。

1　一八四八年五月四日から六月二五日まで。プロレタリアートに対するすべての階級の闘争。六月の日々でのプロレタリアートの敗北。

2　一八四八年六月二五日から一二月一〇日まで。純粋ブルジョア共和派の独裁。憲法の起草。パリの戒厳令布告。ブルジョア独裁は、一二月一〇日にボナパルトの大統領への選出によって除去される。

3　一八四八年一二月二〇日から一八四九年五月二八日まで。憲法制定議会とボナパルトおよび彼と連合した秩序党との闘争。憲法制定議会の没落。共和派ブルジョアジーの凋落。

Ⅲ　第三期。立憲共和制と立法国民議会の時代。

1　一八四九年五月二八日から一八四九年六月一三日まで。小市民とブルジョアジーとの、およびボナパルトとの闘争。小市民的民主派の敗北。

2　一八四九年六月一三日から一八五〇年五月三一日まで。秩序党の議会的独裁。彼らの支配は普通選挙権の廃止によって完成するが、議会内閣を失う。

3　一八五〇年五月三一日から一八五一年一二月二日まで。議会のブルジョアジーとボナパルトとの闘争。

a　一八五〇年五月三一日から一八五一年一月一二日まで。議会は軍隊の最高指揮権を失う。

b　一八五一年一月一二日から四月一一日まで。議会は行政権力を再び奪おうと試みて敗北する。秩序党は独立した議会多数派の地位を失う。共和派およびモンターニュ派との連合。

c　一八五一年四月一一日から一八五一年一〇月九日まで。憲法改正、王朝合併、大統領任期延長の試み。秩序党はその個々の構成要素に解体する。ブルジョア議会およびブルジョア新聞とブルジョア大衆との決裂が、固まる。

d　一八五一年一〇月九日から一二月二日まで。議会と執行権力との公然の決裂。議会は自分自身の階級から、軍隊から、他のすべての階級から見殺しにされて、自分の死亡儀式を執行し、敗北する。議会政体とブルジョア支配の没落。ボナパルトの勝利。帝政復古のパロディ。

第七章

社会的共和制が、二月革命の冒頭に、決まり文句として、予言として、はじめて舞台に現れた。一八四八年の六月の日々に、それはパリのプロレタリアートの血の中で息を止められたが、この劇の後に続く幕では、幽霊となって出る。民主的共和制が名乗り出た。それは、一八四九年六月一三日に逃げ出した自らの小市民とともにむなしく立ち消えるが、逃げる途中に、いつもの倍も大言壮語する誇大広告を投げ捨てていく。議会的共和制がブルジョアジーとともに舞台全体を占領し、その生命のかぎりに享楽しつくすが、一八五一年一二月二日が、「共和国万歳!」という王政派連合の悲鳴を聞きながらそれを葬り去る。

社会的共和制と民主的共和制は、敗北を被ったが、議会的共和制、王政派ブルジョアジーの共和制は、純粋共和制、ブルジョア共和派の共和制と同様に、滅亡してしまったのである。*1

フランスのブルジョアジーは、労働するプロレタリアートの支配に逆らったのだが、一二月一〇日会の首領を先頭とするルンペンプロレタリアートに支配させてしまった。ブルジョアジーは、赤い無政府状態という未来の恐怖でフランスを息も止まるほど恐れさせた。ボナパルトが一二月三日と四日に、[*2]モンマルトル大通りやイタリア劇場大通りの上流市民たちを、ブランデーをあおって景気をつけた秩序の「維持を名分とする」軍隊に命じて自宅の窓越しに射撃させたとき、彼はフランスに対してこの未来をあてにして先取りしたのである。ブルジョアジーはサーベルを神に祭り上げた。サーベルが彼らを支配する。彼らは革命的新聞を全滅させた。彼ら自身の新聞が全滅させられる。彼らは民衆の集会を警察の監視下においた。彼らのサロンが警察の監視下におかれる。彼らは民主派の国民衛兵を解散した。彼ら自身の国民衛兵が解散させられる。彼らは戒厳令を布告した。彼らに対して戒厳令が布告される。彼らは軍事委員会によって陪審員を押しのけた。彼らの陪審員が軍事委員会によって押しのけられる。彼らは民衆教育を坊主に従属させた。坊主が彼らを自分自身の教育に従属させた。彼らは判決なしに流刑にした。彼らが判決なしに流刑にされる。彼らは社会のあらゆる運動を国家権力によって弾圧した。彼らの社会のあらゆる活動が国家権力によって圧殺される。彼らは自分の財布への熱中から、自分自身の政治家と文筆家に反逆した。政治家と文筆家は一掃されたが、口に猿ぐつわをかまされ、筆を折られた後で、彼らの財布が略奪される。ブルジョアジーは、聖アルセニウスがキリスト教徒に対して叫んだように、革命に対して飽きることなくこう叫んだ。「逃げよ、黙せよ、静かにせよ！」と。ボナパルトがブルジョアジーにこう叫ぶ。「逃げよ、黙せよ、静かにせよ！」

フランスのブルジョアジーは、「五〇年以内にヨーロッパは共和制になるか、さもなければコザック的になるだろう」というナポレオンのディレンマを、とっくの昔に解決していた。彼らはそれを「コザック的共和制」という形で解決していた。キルケーが邪悪な魔法によって市民的共和制という芸術作品を異形の怪物に歪めたわけではない。[*3] あの共和制は、その華麗なアラベスクや礼儀作法、一言でいえば、立派な外見以外には、何も失わなかった。現在のフランスは、議会的共和制の中に完成した形で含まれていた。泡がはじけて怪物が目の前に飛び出すためには、銃剣で一突きするだけでよかった。

二月革命のさしあたりの目的は、オルレアン朝とその下で支配していたブルジョアジーの一部分を倒すことであった。一八五一年一二月二日にようやくこの目的は達成された。いまやオルレアン家の影響力の現実的基礎である巨大な領地が差し押さえられ、二月革命後に期待されていたことが、この一二月の後に始まった。一八三〇年以来フランスをその叫び声で疲れさせてきた連中の、投獄、逃亡、解任、追放、武装解除、嘲弄である。しかし、ルイ＝

フィリップ治下で支配していたのは、商業ブルジョアジーの一部だけだった。商業ブルジョアジーの他の分派は、王政派野党と共和派野党を形成するか、そうでなければ、完全にいわゆる法律上の国家の外にいた。[*4] 議会的共和制がはじめて、商業ブルジョアジーのすべての分派を彼らの国家の圏内に迎え入れた。しかもルイ＝フィリップ治下では、商業ブルジョアジーは、土地所有ブルジョアジーを排除していた。議会的共和制がはじめて、彼らを相互に対等なものとして並び立たせ、七月王政を正統王朝と結婚させ、所有の支配の二つの時期を一つに融合した。ルイ＝フィリップ治下では、ブルジョアジーの特権的部分が王冠の下に自分の支配を隠した。議会的共和制では、ブルジョアジーの支配は、それがそのすべての構成要素を統一し、自分たちの王国を自分たちの階級の王国に拡大した後で、その頭をむき出しにしてみせた。こうして革命そのものがはじめに、ブルジョア階級の支配がその最も広範で、最も一般的な、最後の表現を獲得し、したがって今や再起不能なまでに打倒されることができた、そのような形態を、創造しなければならなかったのである。[*5]

ようやくいま、二月にオルレアン派ブルジョアジーに、すなわちフランスのブルジョアジーのうち最も生活能力のある分派に下されていた判決が、執行された。いまや彼らは、彼らの議会、彼らの弁護士会、彼らの商事裁判所、彼らの地方代表機関、彼らの公証人役場、彼らの大学、彼らの演壇と彼らの法廷、彼らの新聞と彼らの文筆、彼らの管財収入と彼らの裁判費用、彼らの軍隊俸給と彼らの国家年金を、彼らの精神と彼らの肉体を打ちのめされた。ブランキは、革命の第一の要求としてブルジョア国民衛兵の解散を掲げたが、二月に革命の進行を阻むために革命に手を差し出したブルジョア国民衛兵は、一二月には舞台から消え去っていた。パンテオン[6]そのものが、再び平凡な教会に変わっている。ブルジョア政体の最後の形態とともに、一八世紀のそれの創案者たちを聖人に変容させていた魔法も、打ち破られた。だからギゾーは、一二月二日のクーデタの成功を知らされたとき、「これは社会主義の完全な決定的な勝利だ！」と叫んだ。すなわち、これはブルジョア支配の決定的で完全な崩壊だ、という意味である[7]。

プロレタリアートは、なぜブルジョアジーを救わなかったのだろうか？　この問いは次のことに帰着する[8]。パリのプロレタリアートは、一二月二日の後になぜ立ち上がらなかったのだろうか？

ブルジョアジーの打倒はまだようやく布告されたところで、この布告は実行されていなかった。プロレタリアートの実際に革命的な蜂起は、どんなものであれ、ブルジョアジーをすぐさま新たに蘇生させて、軍隊と和解させ、労働者には第二の六月の敗北を確実にしたであろう。

一二月四日に、プロレタリアートは、ブルジョアと小商店主から戦うようそそのかされた。この日の晩には、国民衛兵の多くの連隊が武装し、制服を着て、戦場に現れると約束した。というのは、ブルジョアと小商店主は、ボナパルトが一二月二日の法令で秘密投票を廃止し、公式記録の自分の名前の下にイエスかノーかを記入するよう強くすすめていることを、かぎつけたからである。一二月四日の流血の抵抗は、ボナパルトを畏縮させた。夜の間に、彼は、パリのあらゆる街角に、秘密投票の復活を告知する貼り紙を貼らせた。ブルジョアと小商店主は、自分たちの目的は達成されたと信じた。翌朝、姿を現さなかったのは、小商店主とブルジョアであった。

パリのプロレタリアートは、それに加えて一二月一日から二日にかけての夜の間にボナパルトの奇襲によってその指導者、バリケードの長たちを奪われて、将校のいない軍隊になっていたし、モンターニュ派の旗の下で戦うには、一八四八年と一八四九年の六月や一八五〇年五月の記憶によって啓蒙されすぎていた。したがって、プロレタリアートが、反乱するパリの名誉を救うことを自らの前衛である秘密結社に任せたとき、プロレタリアートは、自分自身の力と全般的状況とを正当に評価したのであった。そして、パリのこの名誉は、ブルジョアによってあまりにも無抵抗に規律なき暴兵にゆだねられたために、ボナパルトは後になって国民衛兵を軽蔑的な理由で武装解除することができた。すなわち、国民衛兵がその武器をボナパルトに対して使う恐れがあるからではなく、アナーキストがこの武器を奪って国民衛兵自身に対して悪用する恐れがあるから、という理由である。

「これは社会主義の完全な決定的な勝利だ！」こうギゾーは一二月二日を特徴づけた。しかし、議会的共和制の崩壊がプロレタリア革命の勝利の芽をその中に含んでいるとしても、その間近の具体的な結果は、議会に対するボナパルトの勝利、立法権力に対する執行権力の勝利、決まり文句の権力に対する文句抜きの暴力の勝利であった。古い国家の一つの権力が、こうしてさしあたりただその制限から解放され、無制限の絶対的な権力になったにすぎない。[*9] 議会においては、国民はその一般意志を法律に高めた。すなわち、支配階級の法律を自分たちの一般意志に高めた。執行権力の前では、国民は自分のあらゆる意志を見かぎって、他人の力の命令に、権威に服従する。立法権力と執行権力との対立は、国民の自律と他律との対立を表現する。したがってフランスは、一個人の専制の下に、しかも権威なき一個人の権威の下に逆戻りするために、一階級の専制から逃れたにすぎないように見える。闘争はこうして、すべての階級が等しく無力に、等しく無言で、銃床尾の前に跪くほどに、調停されたように見える。

しかし、革命は徹底的である。それはまだ煉獄[*10]を通過する旅の途上にある。革命は、手順を踏んだ方法で自分の仕事を遂行する。一八五一年一二月二日までに革命はその準備の半分を完了したので、いまや後の半分をやり遂げる。革命は、それを打倒することができるようにするために、はじめに議会制権力を完成させた。いまや打倒を達成したので、革命は、自分の破壊力のすべてを執行権力に向けて集中するために、執行権力を完成させ、それをその最も純粋な表現に還元し、孤立させ、唯一の主題として自らに対置する。そして、革命がその準備作業のこの後半分を成し遂げたとき、全ヨーロッパが椅子から躍り上がって、こう歓声をあげるであろう。よくぞ掘り返した、老いたモグラよ[*11]！

膨大な官僚制組織と軍事組織をもち、重層的で大げさな国家機構をもつこの執行権力、五〇〇万の軍隊と並ぶ五〇〇万の官僚軍、網膜のようにフランス社会の肉体に絡みついて、そのすべての毛穴を塞いでいるこの恐ろしい寄生体は、絶対王政の時代に、封建制が衰退しているときに生成したものであり、それがその衰退の加速を助けたのである。土地所有者と都市の領主的特権は、同じくらい多い国家権力の属性に転化し、封建的な高位高官は、給料を受け取る官僚に、対立しあう中世的絶対権の乱雑な見本帳は、工場のように仕事が分割され集中された国家権力の整然とした計画に転化した。第一次フランス革命は、市民的な国民統一を創出するために、あらゆる局地的、地域的、都市的、地方的な特殊権力を打ち破るという使命をもっていたので、絶対王政が開始したもの、つまり中央集権化を発展させなければならなかったが、同時に、政府権力の範囲、属性、手先を発展させなければならなかった。ナポレオンがこの国家機構を完成させた。正統王朝の王政と七月王政は、市民社会内部の分業が新しい利益集団を創出し、したがって国家行政の新しい素材を創出するのに応じて増大する、より大規模な分業以外には、何も付け加えなかった。あらゆる共通利益は、村の橋や校舎や自治体財産からフランスの鉄道や国有財産や国立大学にいたるまで、すぐに社会から分離されて、より高い一般的利益として社会に対置され、社会構成員の自発性からもぎ取られて、政府活動の対象とされた。最後に、議会的共和制は、革命との闘争の中で、抑圧措置とともに政府権力の諸手段と集中化を強化せざるをえなかった。すべての変革が、この機構を打ち砕く代わりに、それを完璧なものに近づけた。支配をめぐって交互にもみ合った諸党派は、この途方もない国家建造物を手に入れることを、勝者の主要な戦利品だとみなした。

しかし、絶対王政下でも、第一次革命の間も、ナポレオン治下でも、官僚制は、ブルジョアジーの階級支配を準備する手段にすぎなかった。復古王政下でも、ルイ＝フィリップ治下でも、議会的共和制の下でも、官僚制は、どれほど独自の権力を求めたにしても、支配階級の道具だった。

二代目ボナパルトの下ではじめて、国家が社会に対して自立し、社会を制圧したように見える。執行権力の自立性は、自らを正当化するのに、その首長がもはや天才を必要とせず、その軍隊がもはや栄誉を必要とせず、その官僚制がもはや道徳的権威を必要としない場合に、あからさまに際立つ。[*12] 国家機構は、市民社会に対して自らをひじょうに強固にしたので、その頂点に座るのは、一二月一〇日会の首領、酔っぱらった暴兵たちに指導者に祭り上げられた、外国からやってきた冒険家で十分なほどである。この暴兵たちを彼はブランデーとソーセージで買収したので、彼らにはたえず新たにソーセージを投げ与えなければならない。ここから、意気消沈した絶望感、途方もない屈辱感、名誉毀損感が生まれ、それがフランスの胸を締めつけ、息を詰まらせるのである。フランスは辱めを受けたように感じている。ナポレオンが自由のためにはフランスに言い逃れをほとんど認めなかったように、二代目ボナパルトは、隷属のためにはフランスに言い逃れをもはやまったく認めない。[*13]

それにもかかわらず、国家は空中に浮かんではいない。ボナパルトは一つの階級を、しかもフランス社会で最も人数の多い階級、分割地農民を、代表している。

ブルボン家が大土地所有の王朝であり、オルレアン家が貨幣の王朝であるのと同じように、ボナパルト家は農民の、すなわちフランスの人民大衆の王朝である。ブルジョア議会に服従していたボナパルトではなく、ブルジョア議会を追い払ったボナパルトこそ、農民が選出した人物なのである。三年間、都市は、一二月一〇日の選挙の意味を偽造し、農民から帝国の復活をだまし取ることに成功した。一八四八年一二月一〇日の選挙は、一八五一年一二月二日のクーデタによってはじめて履行されたのである。

分割地農民は膨大な大衆を形成しており、その成員はみな同じ生活状況にあるが、相互にさまざまな関係を結ぶことがない。彼らの生産様式は、彼らを相互に交流させる代わりに、互いに孤立させる。この孤立は、劣悪なフランスの交通手段と農民の貧しさによって助長される。彼らの生産の場、分割地は、耕作にあたって分業や科学の応用の余地がなく、したがって発展の多様性、才能の差異、社会的諸関係の豊かさの余地もない。個々の農民家族はみな、ほとんど自給自足し、その消費物の大部分を直接自ら生産し、こうしてその生活資料を、社会との交流でよりも、むしろ自然との粗暴な交換で獲得する。分割地、農民、家族。その傍らに、また別の分割地、また別の農民、また別の家族。それらが六〇個で一つの村をなし、六〇の村が一つの県をなす。こうして、たとえば一袋分のジャガイモが一つのジャガイモ袋をなすのと同じように、同じ単位の量の単純な足し算によって、フランス国民の大多数が出来上がる。数百万の家族が、彼らの生活様式、利害、教養を他の階級の生活様式等々から分離し、それらに敵対的に対置させる経済的生存諸条件の下で生活しているかぎりでは、彼らは一つの階級をなす。分割地農民の間には局地的な関連しか存在せず、彼らの利害の同一性が、彼らの間に連帯も、国民的結合も、政治的組織も生み出さないかぎりでは、彼らは階級を形成しない。だから彼らは、自分たちの階級利害を、議会を通してであれ、国民公会を通してであれ、自分自身の名前で主張することができない。彼らは自らを代表することができず、代表されなければならない。彼らの代表者は、同時に彼らの主人として、彼らを支配する権威として現れなければならず、彼らを他の諸階級から保護し、彼らに上から雨と日の光を送り届ける、無制限の統治権力として現れなければならない。したがって分割地農民の政治的影響力は、執行権力が議会を、国家が社会を、[*14] 自らに従属させるということに、その最後の表現を見いだした。

歴史的伝統によって、ナポレオンという名の一人の男が自分たちにすべての栄光を再びもたらすという、フランス農民の奇跡信仰が生まれた。そして「父子関係の追究は禁止される[*15]」と命じているナポレオン法典の結果、ナポレオンの名をもっているという理由で、自分こそこの男だと申し立てる人物が見つかった。二〇年にわたる放浪と一連のグロテスクな冒険の後で、伝説が成就し、この男がフランス人の皇帝となる。甥の固定観念は、フランス人の最も人数の多い階級の固定観念と一致したがゆえに、実現したのである。

しかし、とひとは私を非難するだろう。フランスの半分にわたる農民蜂起、軍隊の農民狩り、農民の大量投獄と流刑は?[*16]

ルイ一四世以来、フランスは「デマゴーグ的策動を理由として[*17]」このような農民迫害を経験したことはなかった。

しかし、よく理解してほしい。ボナパルト王朝は、革命的農民ではなく、保守的農民を代表しているのであり、その社会的生存条件である分割地を越えて押し進む農民ではなく、むしろその守りを固めようとする農民を、都市と結びついた自分自身のエネルギーによって古い秩序を転覆しようとする農村民衆ではなく、その反対にこの古い秩序に鈍感に閉じこもり、自分の分割地ともども帝政の幽霊によって救われ、優遇されるのを見たいと思う農村民衆を、代表しているのである。ボナパルト王朝は、農民の啓蒙ではなく迷信を、農民の判断力ではなく偏見を、農民の未来ではなく過去を、農民の現代のセヴァンヌではなく現代のヴァンデを代表する。[*18]

議会的共和制による三年間の苛酷な支配は、フランスの農民の一部をナポレオン幻想から解放し、たとえ表面的なものにすぎないにしても革命化したが、彼らが動き出すたびに、ブルジョアジーは彼らを暴力的に押し戻した。議会的共和制の下で、フランスの農民の近代的意識が伝統的意識と格闘した。この過程は、学校教師と坊主との不断の闘争という形で進んだ。ブルジョアジーは学校教師を打ちのめした。農民は、このときはじめて、政府の活動に対して自主的に振る舞おうと努力した。これは、市町村長と知事との絶え間ない紛争という形で現れた。ブルジョアジーは市町村長を解任した。最後に、農民は、議会的共和制の時期の間にフランス各地で、自分自身の申し子である軍隊に反対して立ち上がった。ブルジョアジーは戒厳令と強制執行で彼らを罰した。そしてこの同じブルジョアジーが、いまや大衆の愚かさについて、ブルジョアジーをボナパルトに売り渡した「卑劣な大衆（vile multitude）」[*19]について叫び立てる。ブルジョアジー自身が、農民階級の帝政主義を無理やりに強固にし、この農民宗教の出生の場所をなす状態を固持したのだ。もちろんブルジョアジーは、大衆が保守的であるかぎりは、その愚鈍さを恐れなければならず、大衆が革命的になるとすぐに、その分別を恐れなければならないのである。

クーデタ後の蜂起の中で、フランスの農民の一部は、武器を手にして一八四八年一二月一

○日の自分自身の投票に抗議した。一八四八年以来の授業が、彼らを賢くした。しかしながら、彼らは歴史の冥府に魂を売り渡しており、歴史は彼らの言質をとったし、まだ大多数の者は固定観念をもっていたので、まさに最も赤い諸県で農村住民は公然とボナパルトを支持して投票した。[*20] 彼らの見解では、国民議会がボナパルトの動きを邪魔してきたのである。ボナパルトはいま、都市が農村の意志を縛りつけていた鎖を打ち砕いたにすぎなかった。それどころか農民はところどころで、一人のナポレオンと並ぶ一種の国民公会、というグロテスクな表象さえ抱いていた。[*21]

第一次革命が、半ば農奴であった農民を自由な土地所有者に転化した後で、ナポレオンは、彼らがまさにいま自分たちのものになったばかりのフランスの土地を誰にも邪魔されずに活用し、若々しい所有欲を満たすことを可能にする諸条件を固め、整備した。しかし、フランスの農民がいま没落している原因は、彼の分割地そのもの、土地の分割なのであり、ナポレオンがフランスで強固にした所有形態なのである。それがまさに、フランスの封建的農民を分割地農民にし、ナポレオンを皇帝にした物質的諸条件なのである。農業が徐々に悪化し、農業者が徐々に借金を背負い込むというこの不可避の帰結を生み出すには、二世代で十分だった。一九世紀はじめにはフランスの農村民衆を解放し富裕にするための条件だった「ナポレオン的」所有形態は、この世紀が経過するうちに、彼らの奴隷状態と大衆的貧困の法則として展開した。そして、まさにこの法則こそ、二代目ボナパルトが守り通さなければならない「ナポレオン的観念」の第一のものなのである。ボナパルトが、農民の没落の原因を分割地所有そのものにではなく、外部の二次的な事情の影響に探し求めるという幻想を、いまなお農民と共有しているとすれば、彼の実験は、シャボン玉のように、生産諸関係にぶつかって砕け散り、あの幻想から最後の逃げ場を奪い、最良の場合でも病気をより切迫したものにするであろう。

分割地所有の経済的発展は、農民とその他の社会諸階級との関係を根本から変えた。ナポレオンの下では、農村における土地の分割は、都市における自由競争と始まったばかりの大工業を補足していた。農民階級の優遇でさえも、新しい市民的秩序のためであった。この新たに創出された階級は、都市の市門の外への市民的政体の全面的な延長であり、その国民的規模での実行であった[*22]。この階級は、まさにいま打倒されたばかりの土地貴族に対する遍在する抗議であった。彼らが誰よりも優遇されたとしても、しかし彼らは誰よりも、封建領主の復古に対する攻撃拠点を提供してもいたのである[*23]。分割地所有がフランスの土地に下ろした根は、封建制からあらゆる栄養素を吸い上げた。分割地の境界標柱は、自分たちのかつての支配者のあらゆる奇襲に対するブルジョアジーの自然の防備施設を形作った。しかし、一九世紀が経過するうちに、封建領主に代わって都市の高利貸しが、土地の封建的義務に代わって抵当権が、貴族的土地所有に代わって市民的資本が登場した。農民の分割地はもう、資本家が耕地から利潤、利子、地代を引き出したうえで、農業者自身に自分の労働賃金を手に入れるよう努力させるための口実にすぎない。フランスの土地にかけられた抵当権債務は、フランスの農民に、ブリテンの国債総額の年利子と同額の利子を背負わせている。分割地所有の発展はそれを不可避に資本の奴隷状態に押しやるのだが、こうなった分割地所有は、フランス国民の大衆を穴居人の国民に転化した。一六〇〇万人の農民（妻子を含む）が穴の中に住んでいるが、その大部分は開口部がわずか一つ、他のものも二つしかなく、最も恵まれたものでも三つしかない。家にとっての窓は、肉体に対する五感にあたる。今世紀はじめには新たに生成した分割地の前に国家を歩哨として立たせ、分割地に月桂冠を施肥した市民的秩序が、吸血鬼になってしまい、分割地の心臓の血と脳髄を吸いつくし、それを資本の錬金術師の釜に投げ込むのである。ナポレオン法典はもう、差し押さえ、競売、強制処分の法典にすぎない。フランスに属する四〇〇万人（子供等々を含む）の公認の窮民、浮浪者、犯罪者、売春婦に、五〇〇万人の生存の破滅の淵に漂い動き、農村そのものに住むか、あるいはぼろをまとい子供を連れて農村から都市へ、都市から農村へとたえず逃げまわる人々が、さらに付け加わる。したがって農民の利害は、もはやナポレオン治下のようにブルジョアジーの利害と、すなわち資本と一致するのではなく、きわめて致命的にこれと対立しているのである。したがって農民は、自分たちの当然の同盟者と指導者を、市民的秩序の転覆を任務とする都市のプロレタリアートに見いだす。しかし、強力で無制限の政府——そしてこれが二代目ナポレオンが実行しなければならない第二の「ナポレオン的観念」なのだが、それはこの「物質的」秩序を力によって防衛することを使命としている。またこの「物質的秩序」は、反乱を起こした農民に対するボナパルトのあらゆる布告の中でキーワードになってもいる。

分割地には、資本が課している抵当権と並んで、租税の負担がある。租税は、官僚制、軍隊、坊主、宮廷の、つまり執行権力の装置全体の、生命の泉である。強力な政府と強度の租税とは同じことである。分割地所有は、その本性上、遍在する無数の官僚制の基礎になるのに適している。それは、国土の地表全体にわたって、諸関係と諸人格の均一な水準を創出する。したがってそれは、一つの最高の中心点からこの均一な大衆のすべての地点に向かう均一な感化作用を可能にする。それは、人民大衆と国家権力との間の貴族的中間段階を根絶する。したがってそれは、あらゆる側面から、この国家権力の直接的干渉とその直属機関の割り込みを呼び起こす。最後に、それは、職のない過剰人口を生み出すが、この過剰人口は農村でも都市でも居場所を見つけられないので、一種の尊敬すべき施しものとして国家の官職に手を伸ばし、官職の創設を誘発する。ナポレオン治下では、この多数の政府職員は、ブルジョアジーが私的産業という方法ではまだ果たせないことを、国家的建設事業等々の形態で、新たに生まれた農民層のために国家の強制手段を使って実行するという形で、直接に生産的であっただけではない。国家の租税は、都市と農村との交換を維持するために必要不可欠な強制手段であった。そうでなければ分割地所有者は、ノルウェーやスイスの一部でのように、粗野な自給自足の中で都市とのつながりを断ってしまったことであろう。[*24] そしてナポレオンは、彼が銃剣で開いた新しい市場で、大陸を略奪することで、強制租税に利子を付けて返した。強制租税は、農民の産業にとっての刺激だったのだが、ところがいまでは、農民の産業から最後の資金源を奪い、大衆的貧困に対する農民の抵抗力のなさを完成する。そして、金モールを飾りつけた栄養のいい膨大な数の官僚たちこそ、二代目ボナパルトがとりわけ最も気に入っている「ナポレオン的観念」なのである。彼は、社会の現実の階級と並んで、彼の政体をナイフとフォークの問題とする人工的なカーストを創出せざるをえないのだから、それが気に入らないはずはないのである。だから、彼の最初の財政操作の一つは、官僚の俸給を以前の額に再び引き上げ、新しい閑職を創設することであった。

もう一つの「ナポレオン的観念」は、一統治手段としての坊主の支配である。しかし、新たに生まれた「ナポレオンの時代の」分割地が、社会と調和し、自然の力に依存し、自分を上から保護する権威に服していて、当然にも信心深かったとすれば、借金に押しつぶされ、社会や権威と不仲になり、自分自身の偏狭さを超えて追い立てられている「現在の」分割地は、当然にも不信心になっている。天国は、まさに獲得したばかりの狭い土地区画へのまったく麗しい景品であり、それが天気を決めるものであるからにはなおさらであった。天国が分割地の代償として無理やりに押しつけられるとすぐに、それは侮辱になる。そうなれば、坊主はもう世俗の警察――もう一つの「ナポレオン的観念」――の聖別された捜索犬としてしか見えてこない。この世俗の警察は、二代目ボナパルトの下では、ナポレオン治下でのように都市で農民政体の敵を監視することではなく、農村でボナパルトの敵を監視することを使命としているのである。[*25] ローマへの出兵が、次回はフランスそのものの中でおこなわれるであろうが、それは、モンタランベール氏が言うのとは逆の意味においてである。[*26]

最後に、「ナポレオン的観念」の頂点は、軍隊の優位である。軍隊は、分割地農民の名誉にかかわることであって、農民自身を英雄に変え、外に向かっては新しい財産を守り、まさに戦い取ったばかりの彼らの国民性を称揚し、世界を略奪し革命化するものであった。輝かしい軍服が彼ら固有の大礼服であり、戦争が彼らの詩であり、空想の中で延長され仕上げられた分割地が祖国であり、愛国心は所有意識の理念的形態であった。しかし、フランスの農民がいまそれに対して自分の所有を守らなければならない敵は、「国外の」コザックではなく、「国内の」執行官と租税徴収官である。分割地は、もはやいわゆる祖国の中にはなく、抵当登記簿の中にある。軍隊そのものが、もはや農民青年の精華ではなく、粗野なルンペンプロレタリアートの泥沼の花[*27]である。軍隊は、大部分がランプラサン[*28]から、つまり代役からなっている。二代目ボナパルト自身がナポレオンのランプラサン、代役にすぎないのと同じように。軍隊は、今ではその英雄行為を農民に対するカモシカ狩りのような追跡の中で、憲兵勤務の中でおこなっており、ボナパルト体制の内部的矛盾が一二月一〇日会の首領をフランス国境を越えて追い立てるとすれば、軍隊は、いくつかの山賊的愚行の後で、月桂冠を得るのではなく、棍棒で殴られることになるだろう。

「ナポレオン的観念」のすべては未発達の若々しい分割地の観念であり、老朽化した分割地にとっては不条理である、ということがわかる。この観念は、分割地の断末魔の幻覚にすぎず、決まり文句に転じた言葉、幽霊に転じた精神、悪趣味な舞台衣装に転じた気の利いた衣装にすぎない。しかし、フランス国民の大衆を伝統の重圧から解放し、国家権力と社会との対立を純粋に際立たせるためには、帝政のパロディは必要不可欠だった。国家機構の瓦解が中央集権化を危険にさらすことはないであろう。官僚制は、まだその対立物に、封建制に取り憑かれている、中央集権化の低次の野蛮な形態にすぎない。ナポレオン的王政復古への絶望とともに、フランスの農民は彼の分割地への信仰と離縁し、この分割地の上に築き上げられた国家建造物全体が倒壊し、プロレタリア革命は合唱隊を受け取る。そしてこの合唱隊なしには、あらゆる農民諸国民の中でのプロレタリア革命の独唱は、葬送の歌となるであろう。[*29]

フランスの農民の境遇は、律法を受け取るためにではなく、それを与えると同時に実行するために二代目ボナパルトをシナイ山上に赴かせた、あの一二月二〇日と二一日の普通選挙の謎を明らかにしてくれる。[*30] たしかにフランス国民はあの取り返しのつかない日に民主主義に対する大罪を犯したので、民主主義はひざまずいて毎日こう祈っている。聖なる普通選挙権よ、われわれのためにとりなしてください！ 普通選挙権を信じる者は、ボナパルト二世をナポレオンに、サウロをパウロに、シモンをペテロに変えるほどの偉大なことを彼ら自身に成し遂げた奇跡の力を断念しようとはしない。[*31] 民族精神は、預言者エゼキエルの神が髄のない骨に向かって語ったのと同じように、彼らに向かって投票箱を通してこう語る。「主なる神はこれらの骨にこう言われる。見よ、私はあなたがたのうちに息を入れて、あなたがたを生かす!」[*32]

ブルジョアジーには明らかに、ボナパルトを選出する以外に選択の余地はなかった。専制か、それとも無政府状態か。ブルジョアジーはもちろん専制に賛成投票した。[*33] ピューリタンたちがコンスタンツ公会議で教皇たちの不品行な生活について苦情を訴え、風紀改革の必要性について不平を言ったとき、[*34] 枢機卿ピエール・ダイイは彼らに向かって大声でこう怒鳴った。「カトリック教会を救えるのは、もう悪魔その人しかいないのに、お前らは天使を要求する」。同じように、フランスのブルジョアジーはクーデタの後でこう叫んだ。市民社会を救えるのは、もう一二月一〇日会の首領しかいない! 今はもう窃盗だけが所有を、偽りの宣誓だけが宗教を、私生児だけが家族を、無秩序だけが秩序を救えるのだ!

ボナパルトは執行権力の自立した力として、「市民的秩序」を保障することが自分の使命だと感じる。しかし、この市民的秩序の勢力は中間階級である。だから彼は中間階級の代表を自認し、この意向に添って布告を出す。だが彼は、この中間階級の政治的力を打ち砕いてしまい、日々新たに打ち砕いていることによってのみ、ひとかどの人物なのである。だから彼は、中間階級の政治的・文筆的な力の敵を自認する。しかし彼は、中間階級の物質的力を保護することによって、新たに彼らの公式の力、政治的力を生み出す。だから、原因は生かしておかなければならないが、結果が現れてくる場合には、その結果を始末しなければならない。しかし、原因と結果は相互作用の中で見分けがつかなくなるので、両者のちょっとした取り違えをせずにことが運ぶことはありえない。境界線をぼやけさせる新しい布告が出る。ボナパルトは、同時にブルジョアジーに対抗して農民と人民一般の代表を自認し、市民社会の内部で下層人民階級を喜ばせようとする。「真の社会主義[*35]」から前もってその統治の知恵をだまし取る新しい布告が出る。しかしボナパルトは、何よりも一二月一〇日会の首領を、ルンペンプロレタリアートの代表を自認しており、そして彼自身も、彼の周囲の者たち、彼の政府、彼の軍隊もこれに属しているのであって、ルンペンプロレタリアートにとって何よりも重要なのは、自らに慈善を施し、カリフォルニアの当たりくじを国庫から引き出すことなのである。そして彼は、自分が一二月一〇日会の首領であることを、布告で、布告なしで、布告にもかかわらず、立証する。

この男のこの矛盾に満ちた使命が、彼の政府の矛盾、つまり、ときにはこの階級、ときにはあの階級を、ときには獲得し、ときには辱めようとして、すべての階級を一様に自分に対して激高させてしまう、あの不明瞭な暗中模索を説明する。彼の実際の頼りなさは、伯父を従順に模倣した政府文書の命令的で断固とした文体とは、きわめておかしな対照をなしている。だからこの矛盾の慌ただしさと性急さも、あの皇帝の全面的な活動や機転の猿まねなのである。[*36]

工業と商業、したがって中間階級の業務は、強力な政府の下で温室育ちの花を開かなければならない。無数の鉄道敷設権の付与。しかし、ボナパルト派のルンペンプロレタリアートは私腹を肥やさなければならない。あらかじめ事情に通じた者による、証券取引所での鉄道敷設権を使った不正利得。しかし、鉄道のための資本は姿を見せない。銀行が鉄道株に前払いすることの義務づけ。しかし、銀行は同時に個人的に利用されなければならず、したがっておべっかを使わなければならない。毎週の業務報告を公表する銀行の義務を免除。銀行と政府との獅子の契約。[*37] 民衆は仕事を与えられなければならない。国家的建設事業に関する指示。しかし、国家的建設事業は民衆の租税義務を増大させる。したがって、金利生活者を攻撃し、五パーセントの利子付公債を四・五パーセントに転換することによる、租税の引き下げ。しかし、中間階級は再び甘いものを受け取らなければならない。したがって、ワインを小売りで買う民衆にはワイン税の倍加、ワインを卸で飲む中間階級には半額への引き下げ。

現実の諸労働者アソシアシオン［生産協同組合］の解散、しかし、未来のアソシアシオン［協同社会］の奇跡の約束。農民は援助されなければならない。農民の負債と所有の集中化を加速する抵当銀行。しかし、この銀行は、押収したオルレアン家の領地から個人的に金を取り出すために利用されなければならない。布告にないこの条件を承諾しようとする資本家はいないので、抵当銀行はたんなる布告にとどまる。等々、等々。

ボナパルトは、すべての階級の家父長的な恩人として現れたがっている。しかし彼は、他の階級から取ってこなければ、どの階級にも与えることができない。フロンドの時代にギーズ公が、領地すべてを自分に対する信奉者の恩義［債務］に変えたために、フランスで最も恩義を施す男だと言われたのと同じように、ボナパルトもフランスで最も恩義を施す男になって、フランスのすべての所有、すべての労働を自分に対する個人的な恩義に変えたがっている。彼は、それをフランスにプレゼントするために、というよりむしろ、フランスの金でフランスを買い戻すことができるようにするために、全フランスを盗みたがっている。というのは、一二月一〇日会の首領として、彼は、自分に属すべきものを買収しなければならないからである。すべての国家機関、元老院、国家参事会、立法院、レジオンドヌール勲章、戦功章、洗濯場、国家的建設事業、鉄道、兵卒のいない国民衛兵参謀部、押収したオルレアン家の領地が、買収の機関となる。軍隊と政府機構のあらゆる地位が、買収手段となる。しかし、フランスに与えるためにフランスが取り上げられるこの過程で最も重要なことは、売り上げの間に一二月一〇日会の頭とメンバーの手に入る歩合である。ド・モルニ氏［モルニ公］の愛人であるL［レオン］伯爵夫人がオルレアン家の領地の押収を特徴づけた機知に富む言葉、「これが鷲の最初のヴォル［飛行・窃盗］です」[原注1]は、むしろカラスであるこの鷲のあらゆる飛行にぴったりあてはまる。ボナパルト自身と彼の信奉者たちは、イタリアのカルトゥジオ会[*38]の修道士が、食いつくすにはまだ何年もかかる財産を誇示して数え上げたけちん坊に対して呼びかけたのと同じように、毎日自らにこう呼びかけている。「お前は自分の財産を数えるが、その前に自分の年を数えるがよい」。年数を数え間違えないように、彼らは分《ふん》で数える。宮廷へ、各省へ、行政と軍隊の首脳部へ、一団となった連中が押しかけるが、そのうちの最もましな者でも、どこから来たのか誰も知らないとしか言えない連中で、騒々しく、うさんくさい、略奪欲に満ちたボヘミアンであって、その彼らが、［ハイチ皇帝］スルークの高位高官と同じグロテスクな威厳をもって、金モールの制服を着てはいまわっている。ヴェロン＝クルヴェル[原注2]が彼らの道徳説教師であり、グラニエ・ド・カサニャックが彼らの思想家であることを考えてみれば、これらの一二月一〇日会の上層部を思い浮かべることができる。首相時代のギゾーがこのグラニエを王朝派野党に反対するためにいんちき新聞で利用したとき、ギゾーは彼を「あれは道化の王様だ」という言い方でほめるのが常だった。ルイ・ボナパルトの宮廷と一族郎党を見て摂政やルイ一五世を思い出すとすれば、それは間違っているであろう。というのは、「フランスは、妾の政府はすでにしばしば経験したが、男妾の政府はまだ一度も経験したことがない[原注3]」からである。そして、エリゼの野で英雄たちとつきあうために自殺したカトー！　かわいそうなカトー！[*39]

原注1　［フランス語の］ヴォル（vol）には「飛行」と「窃盗」の意味がある。

原注2　バルザックは『従妹ベット』で、『コンスティテュシオネル（憲法）』紙の社主であるヴェロン博士をモデルにしたクルヴェルという形で、まったくふしだらなパリの俗物を描いている。

原注3　ジラルダン夫人の言葉。[*40]

自分の状況の矛盾する諸要求によって駆り立てられ、同時にまた手品師のように、たえざる不意打ちによって公衆の目をナポレオンの代役としての自分に向けさせる必要に、したがって毎日ごく小規模なクーデタを実行する必要に迫られて、ボナパルトは市民的経済全体を混乱させ、一八四八年の革命にも不可侵であると思われていたすべてのものを侵害し、ある人々には革命を忍耐させ、他の人々には革命を意欲させ、秩序の名で無政府状態そのものを生み出し、その一方で、同時に彼は、国家機構全体から後光をはぎ取って、それを世俗化し、ひどく不快であると同時に笑うべきものにしてしまう。彼は、パリでナポレオンの皇帝のマントを礼拝することで、トリーアの聖衣礼拝を反復する。*41 しかし、皇帝のマントがついにルイ・ボナパルトの肩にかけられるならば、ナポレオンの銅像はヴァンドームの円柱の頂から転落することであろう。*42

第二版への序文

早くに亡くなった私の友人ヨーゼフ・ヴァイデマイアーは、[原注]一八五二年一月一日からニューヨークで政治週刊誌を発行することを計画した。彼は私に、この雑誌にあのクーデタの歴史を寄稿するよう求めてきた。それで私は彼に、二月半ばまで毎週、『ルイ・ボナパルトのブリュメール18日』という題で論文を書き送った。その間にヴァイデマイアーの当初の計画は挫折した。その代わりに、彼は一八五二年春に『ディ・レヴォルツィオーン（革命）』という月刊誌[*1]を発行したが、その第一号は私の『ブリュメール18日』からなっていた。その数百部が当時ドイツに入ったが、本来の書店には入らなかった。最急進派を気取るドイツのある書店主に販売をすすめたが、彼は、そのような「時代に反する不当な要求」に対して純粋に道徳的なショックを受けたのである。

原注　アメリカの南北戦争当時、セント・ルイス地区の軍司令官だった。

このように言えばわかるように、本書は事件が直接に切迫する中で書かれ、その歴史的素材は（一八五二年）二月以後には及んでいない。いまこれを再刊するのは、一つには書店の需要に、一つにはドイツにいる私の友人の切望に負うものである。

私のとほぼ同時に同じ対象を論じた著作のうちでは、二つだけが注目に値する。ヴィクトル・ユゴーの『小ナポレオン』とプルードンの『クーデタ』である。[*2]

ヴィクトル・ユゴーは、クーデタの発行責任者に対する辛辣で才気に満ちた悪口だけで我慢している。[*3] 事件そのものは、彼の場合には青天の霹靂のように現れる。彼はそこに一個人の暴力行為しか見ていない。彼は、この事件の主導権を、世界史上に例のないような一個人の暴力に帰することによって、この個人を小さくする代わりに大きくしていることに、気づいていない。プルードンのほうは、クーデタを先行する歴史的発展の結果として描こうとしている。だが、クーデタの歴史的構築が、こっそりとクーデタの主人公の歴史的弁護に変わっている。彼はこうして、われわれのいわゆる客観的歴史家の誤りに陥っている。それに対して私は、中庸でグロテスクな一人物が主人公の役を演じることを可能にする事情と境遇を、フランスの階級闘争がいかにして創出したか、ということを証明する。

本書を書き改めれば、本来の色合いが失われることになったであろう。だから私は、たんに誤植を訂正し、いまではもう理解できない当てこすりを削除するだけにしておいた。「しかし、皇帝のマントがついにルイ・ボナパルトの肩にかけられるならば、ナポレオンの銅像はヴァンドームの円柱の頂から転落することであろう」という私の本の最後の文章は、すでに成就した。[*4]

シャラス大佐が、一八一五年の戦役に関する彼の著作で、[*5]ナポレオン礼拝への攻撃を開始した。それ以来、特にこの数年の間に、フランスの文筆界は、歴史研究、批判、風刺、洒落を武器にして、ナポレオン伝説にとどめを刺した。フランスの外では、伝統的な民族信仰とのこの力ずくでの決裂、この途方もない精神的革命は、ほとんど注目されず、それにもましてほとんど理解されなかった。

最後に私は、私の本が、現在特にドイツでは誰もがよく知っている、いわゆるカエサル主義についての学校的決まり文句を取り除くのに寄与することを望んでいる。[*6]このような表面的な歴史的類比では、最も重要なことが忘れられてしまう。すなわち、古代ローマでは階級闘争は、特権的少数者の内部で、つまり自由民の富者と自由民の貧者との間で演じられたにすぎず、それに対して人口の生産的な大多数、つまり奴隷は、その闘争している人々にとってはたんに受動的な台座をなしていた、ということである。ローマのプロレタリアートは社会に費用を負担させて生きていたが、それに対して、近代社会はプロレタリアートを犠牲にして生きている、というシスモンディの名言[*7]を、ひとは忘れている。古代の階級闘争と近代の階級闘争の物質的・経済的諸条件はこのようにまったく異なるのだから、その階級闘争の政治的産物もまた、カンタベリー大主教と祭司長サムエル[*8]ほどにも、相互に共通性をもちえないのである。

ロンドン　一八六九年六月二三日

カール・マルクス

訳注

第一章

＊1――マルクスが念頭においているのは、おそらくヘーゲルの次の文章である。「そもそも国家の大変革というものは、それが二度くりかえされるとき、いわば人びとに正しいものとして公認されるようになるのです。ナポレオンが二度敗北したり、ブルボン家が二度追放されたりしたのも、その例です。最初はたんなる偶然ないし可能性と思えていたことが、くりかえされることによって、たしかな現実となるのです」(ヘーゲル『歴史哲学講義（下）』長谷川宏訳、岩波文庫、一九九四年、一五一～一五二頁)。

＊2――マルクス自身が手を加えて一八六九年に出版された第二版では、「偉大な悲劇」が「悲劇」に、「みじめな笑劇」が「笑劇」に変更されている。なお、このあたりの文章は、一八五一年一二月三日付のエンゲルスのマルクスへの手紙をほぼ書き写したものである。「われわれが昨日見たところでは民衆はまったく問題にされておらず、実際まるで墓の中の老へ

ーゲルが世界精神として歴史を導いて、きわめて几帳面にすべてを二度くり広げさせたかのようだ。一度目は偉大な悲劇として、二度目はみすぼらしい笑劇として。ダントンの代わりにコシディエール、ロベスピエールの代わりにL・ブラン、サン＝ジュストの代わりにバルテルミ、カルノーの代わりにフロコン、小男の伍長と彼の元帥たちの円卓騎士団の代わりに、手当たり次第にかき集めた借金だらけの中尉たちを引き連れた奇形児。だからわれわれはすでにブリュメール一八日にいたっていたというわけだ」（大月書店版『マルクス・エンゲルス全集』第二七巻、三二七頁）。ただし、マルクス自身もすでに一八四四年と一八四九年にこう述べている。「歴史というものは徹底的であり、古い姿態を葬るときには、多くの段階を終わりまでやり通す。世界史的姿態の最後の段階は、その喜劇である」（「ヘーゲル法哲学批判序説」、『全集』第一巻、四一九頁）。「われわれは、ホーエンツォレルン家の家系を終わらせる人間［当時のプロイセン国王フリードリヒ・ヴィルヘルム四世］がなぜよりによって喜劇役者でなければならないのかを、ヘーゲルを引用して証明すべきだろうか」（「ホーエンツォレルン家の業績」、『全集』第六巻、四七二頁）。

＊3——モンターニュ派とは、一七九三年以降の革命的独裁を推進した国民公会内のジャコバン派を指す。九四年七月二四日のブルジョアジーのクーデタ（テルミドールの反動）によって権力を失い、処刑された。「一八四八〜五一年のモンターニュ派」とは、『ラ・レフォルム（改革）』紙編集者のルドリュ＝ロランを指導者とする国民議会内の民主主義者と社会主義

者のブロックのこと。「小男の伍長」はナポレオン一世。「ロンドンの警官」というのは、ルイ・ボナパルトがイギリス亡命中の一八四八年に特別警官（チャーティストのデモに備えて募集された民間人からなる警察予備隊）に応募したことへの当てこすり。

＊4――共和暦八年ブリュメール一八日（一七九九年一一月九日）、ナポレオンはクーデタによって執政政府を倒し、第一統領という称号で独裁者となった。「ブリュメール一八日の第二版」とは、一八五一年一二月二日のルイ・ボナパルトによるクーデタを指す。共和暦とは、国民公会が王政廃止・共和制施行とともに「新しい時の流れ」を創り出すためにカトリックの時間（キリスト紀元とグレゴリウス暦）を廃止し、一七九二年九月二二日をもって革命紀元「共和国第一年ヴァンデミエール（葡萄月）一日」と定めたもの。季節を表す月の名が創造され、以後、ブリュメール（霧）、フリメール（霜）、ニヴォーズ（雪）、プリュヴィオーズ（雨）、ヴァントーズ（風）、ジェルミナール（芽）、フロレアール（花）、プレリアール（牧場）、メシドール（収穫）、テルミドール（熱暑）、フリュクチドール（果物）と続く。共和暦は、ローマ教皇ピウス七世と宗教協約を結んだナポレオンによって一八〇五年に廃止された。なお「小男の伍長」以下ここまでは、第二版では削除され、次の一文に置き換えられた。「伯父の代わりに甥」。

＊5――「二度目は」以下この段落の終わりまでは、第二版では削除された。

＊6――一八〇〇年六月一四日にアルプスのサン・ベルナール峠を越えたナポレオン軍は、北イタ

リアのマレンゴでオーストリア軍に勝利した。「一個中隊の憲兵隊を送り込む」というのは、ルイ・ボナパルトがスイスに亡命したフランス人共和主義者の引き渡しをスイス当局に要求して起きた外交問題を指す。

＊7——「サン・タンドレ大十字勲章」はロシアの最高勲章。ルイ・ボナパルトがロシア皇帝ニコライ一世の支持を必要としたことへの当てこすりである。

＊8——本書では、Epoche を「時期」、Periode を「時代」と訳した。マルクスは一八五〇年から翌年にかけて地質学を集中的に勉強しているが、これらはともに地質学の年代分類の用語であって、代（Aera）—紀（Periode）—世（Epoche）—期（Zeit）の順に細区分される。したがって、「時代」の下位区分として「時期」があることになる。

＊9——一六世紀の宗教改革者たちはキリスト教布教者としての使徒パウロの役割を重視した。ルターもパウロ書簡の注解講義をおこない、しばしばパウロを引用している。

＊10——ハバククは、旧約聖書の一二人のいわゆる小預言者の一人で、特に情熱的で詩的な言葉で有名。ここでは、いわゆるピューリタン革命期の宗教的熱狂の象徴とされている。

＊11——一八四八年一二月一〇日に実施された普通選挙権に基づく大統領選挙で、ルイ・ボナパルトは、共和派やオルレアン派などが支持するカヴェニャック、ルドリュ＝ロラン、ラマルティーヌ、シャンガルニエらを対立候補としながら、有効投票の約七四パーセントの五五三万票を獲得し、フランス共和国の大統領に選出された。

＊12——旧約聖書「出エジプト記」第一六章によれば、ユダヤの民衆はエジプト脱出後の飢餓の中で、エジプトでは「肉鍋のかたわらにいた」のに、とモーセに不平を述べた。隷属してはいても物質的には豊かな生活を指す。

＊13——新約聖書「マタイによる福音書」第八章によれば、イエスに従う前に「まず、父を葬りに行かせてください」と言った弟子の一人に対して、イエスは「私に従ってきなさい。そして、その死者を葬ることは、死者に任せておくがよい」と答えた。

＊14——「ここがロードス島だ」は、イソップ（アイソーポス）の寓話二〇三「ほら吹きの旅人」の中で、ロードス島ではもっとすごい跳躍をしたことがあるし証人もいる、と主張する旅人に向かって言われた言葉。「ここにバラがある」は、ヘーゲルが『法哲学』序文に洒落として書いたもので、ギリシア語のロードスをロドン（バラ）と読み替え、ラテン語のサルタ（跳べ、踊れ）を「踊れ」と訳したもの（藤野渉・赤澤正敏訳『世界の名著35 ヘーゲル』中央公論社、一九六七年、一七二頁）。ヘーゲルの場合には、これは、理性（喜びのしるしであるバラ）の認識によって現実と和解することを意味する。

＊15——一八四八年一一月四日制定の憲法は、共和国大統領の再選を禁じており、規定では、一八五二年の五月の第二日曜日（五月九日）にルイ・ボナパルトの任期が終わって、大統領が改選されるはずだった。民主主義者たちは、民主主義勢力の勝利を予測していた。マルクスは、本書では多くの箇所で、五月第二日曜日を五月二日と書いている。

＊16――千年王国とは、新約聖書「ヨハネの黙示録」第二〇章に書かれている、ハルマゲドンでの最終戦争の後に心義《ただ》しき人々が復活してキリストとともに支配する地上の王国。十字軍以降の中世ヨーロッパでは、千年王国を求める平等主義的な運動がくりかえし起こった。

＊17――カピトル丘はローマ七丘の一つで、古代ローマの聖地であり、元老院があった。紀元前三九〇年頃ガリア人（フランスや北イタリアのケルト系民族）がローマを攻撃し、カピトル丘を夜襲したとき、ローマの戦士たちは、最高神ユピテルの妻ユノーを祭る神殿のガチョウの鳴き声で起こされて、丘の防衛に成功したと伝えられる。

＊18――「王朝諸派」とは、ブルボン王朝を支持する正統王朝派と、一八三〇年以降のオルレアン公ルイ＝フィリップの七月王政を支持するオルレアン派を指す。「青い共和派」は、マラストの『ル・ナシオナル（国民）』紙を中心とする穏健共和派、「赤い共和派」は、ルドリュ＝ロランの『ラ・レフォルム』紙を中心とする民主主義者・社会主義者たちを指す。「アフリカの英雄」とは、アルジェリアの植民地制圧戦争に参加し、一八四八年にはパリ労働者の六月反乱を鎮圧したカヴェニャック、ラモリシエール、ブドーらの将軍を指す。アルジェリアは一八三〇年にフランスの植民地とされたが、それ以後も現地住民の反乱が続き、一八四〇年代までフランス軍による残虐な武力鎮圧戦争が続行されていた。

＊19――ゲーテ『ファウスト　悲劇第一部』手塚富雄訳、中公文庫、一九七四年、九八頁。これは、ファウストの前に現れたメフィストフェレスの言葉。

＊20――オディロン・バロを指導者とする七月王政期の下院内の自由主義的な野党グループ。オルレアン朝の支配を支持しつつ、政府に反対して選挙法改正の実施を主張した。

＊21――国民衛兵は、国民軍とも訳されるが、正規軍ではなく、フランス革命期に創設された、一定の財産をもつ市民によって構成される民兵組織である。一八三〇年代の再編成の結果、正規の隊員該当者は、二五歳から六〇歳までの男子で、個人で課税の対象となる者とその子息とされた。パリでは年額二〇〇フラン以下の家賃の借家人は対人課税の対象とならないため、労働者層は事実上排除されていた。任務は、公共の秩序維持と正規軍の補助で、銃は国家から支給されたが、一二〇フラン以上する制服を自己負担して着用することが義務づけられ、また給料は払われず、自宅から教練に通い、警鐘を聞いて出動することになっていた。事実上、小商店主以上の小市民とブルジョアの軍隊であった。

＊22――七月王政下では、一八三〇年の選挙法によって、選挙権は年間納税額二〇〇フラン、被選挙権は納税額五〇〇フラン以上の納税者に制限されており、一八四六年の時点で、選挙の有権者は約二五万人（総人口の約〇・七パーセント）にすぎなかった。「七月王政の遮断機」とは、この選挙資格制限を指す。二月革命によって実現された普通選挙権は、「二一歳以上のフランス人男子」を有権者とし、有権者数は一挙に九六〇万人に増えた。

＊23――「革命的共産主義者たち」という言葉は、第二版では削除された。

＊24――五月一五日にポーランド支援のデモに参加したパリの労働者と手工業者が、国民議会の議

場に乱入して議会の解散を宣言し、革命政府を樹立しようとしたが、国民衛兵と正規軍に撃退され、ブランキらの指導者は逮捕された。

＊25——六月二一日の国立作業場（失業労働者の救済機関として二月二八日に設置された）廃止の決定に対して、二三日にパリの労働者が蜂起し、約六〇のバリケードが築かれたが、二六日にはカヴェニャック将軍による戒厳令下で二万五〇〇〇人以上の逮捕者を出して蜂起は鎮圧された。死者は政府側七〇三人、労働者側三〇三五人とされている。

＊26——遊動警備隊は、一八四八年二月二五日の臨時政府の決定によって創設された二四大隊からなる治安部隊で、年齢は一六歳から三〇歳までとされ、日給が支払われて、兵営で日常的に訓練を受けた。応募したのは、労働者層に属する失業中の青年であった。国民衛兵が居住区ごとに地域の秩序維持と防衛にあたったのに対して、遊動警備隊は必要に応じてどこにでも投入された。一八四九年一月二九日に、執行権力によって解散させられた。

＊27——五月に結成された「合同コルポラシオン（職能別労働組合）委員会」のうち六月反乱後に生き残った部分は、プルードンと共同して「人民銀行」設立を企てたが、生産の組織化と流通の組織化のあり方をめぐってまもなく決裂する。労働者生産協同組合（アソシアシオン・ウーヴリエール）形成の試みは、政治闘争の敗北に加えて七月に「労働者生産協同組合助成法」が成立するという事情もあって、フランス全国で約一一〇〇の生産協同組合が設立されるという状況を生み出す。しかし、そのほとんどは短命に終わった。

＊28――第二版では、「革命的な破壊形態」は「政治的な変革形態」に、「保守的な発展形態」は「保守的な生活形態」に書き換えられた。
＊29――伝説によれば、三一二年のマクセンティウスとの戦いを前にしたローマ皇帝コンスタンティヌス一世（二七四～三三七）は、燃え上がる十字架とこの言葉が真昼の空中に現れるのを見たとされる。教会はこの伝説を、コンスタンティヌスのキリスト教迫害からその保護への「回心」と結びつけた。
＊30――「ピュティア」とは、古代ギリシアの宗教的・政治的中心地の一つ、デルポイのアポロン神殿の女司祭のこと。アポロンの神託を司った。
＊31――クラピュリンスキは、ハインリヒ・ハイネ（一七九七～一八五六）の詩『二人の騎士』の主人公で、自分の金を湯水のように浪費するポーランド貴族。この名は、大酒飲み、怠け者の無頼の徒を意味するフランス語のクラピュールから創作されたもの。ここではもちろん、ルイ・ボナパルトを指す。テュイルリはパリの王宮で、政府が置かれていた。

第二章

＊1――『ル・ナシオナル』は一八三〇年から一八五一年まで発行された日刊紙で、編集長はブルジョア共和派のマラストであった。『ジュルナル・デ・デバ（討論日報）』は一七八九年に

創刊された日刊紙で、七月王政下では政府系機関紙、二月革命後は秩序党＝王政派ブルジョアジーの見解を代表した。

＊2――一八一四〜一五年のウィーン会議には、ほぼ全ヨーロッパの君主が参加し、王政復古・正統主義・君主の連帯を原則として、フランス革命とナポレオン戦争によって崩壊した「正統」王朝の支配の再建が確認された。議定書は同時に戦後の国境を画定したが、フランスは一七九二年以降の「革命戦争」によって獲得した領土をすべて失い、戦勝国であるイギリス、ロシア、オーストリア、プロイセンは「賠償」として新領土を獲得した。また、戦後「新秩序」を維持するための安全保障体制として、ロシア、オーストリア、プロイセンによる「神聖同盟」が結成された。一八三〇年には、革命とナポレオン戦争期の最大の敵国だったイギリスとの和親協商が締結され、一八四三年にはイギリスのヴィクトリア女王がフランスを訪問した。

＊3――「改革宴会」は、選挙権拡大や議会改革を拒否し続けたギゾー内閣に対して、政府の弾圧を避けるためにブルジョア野党が採用した運動戦術で、会費を徴収して大規模な会食集会を開き、その席上で「改革万歳」の乾杯や政治的決議を行うもの。一八四七年には各地で催された。一八四八年二月革命の直接のきっかけも、『ナシオナル』が呼びかけたパリ一二区のシャンゼリゼ大通りでの宴会への結集を、政府が禁止したことにある。

＊4――一八四八年二月二四日にルイ＝フィリップは退位したが、孫である九歳のパリ伯に王位を

ゆだねることを声明していた。パリ伯の母であるオルレアン公妃は自ら摂政の地位に就くことを望み、パリ伯の即位を議会に認めさせようとしたが、議場に侵入してきた群衆の圧力で、議会は共和制を宣言した。

＊5――「執行委員会」は、一八四八年五月一〇日に辞任した臨時政府に代えて憲法制定国民議会が任命した政府で、六月二四日まで存続した。その大部分は穏健共和派からなり、ルドリュ＝ロランは委員会内部の左派の代表者であった。

＊6――旧約聖書「創世記」第二・三章によれば、エデンの園の中央には知恵の木と命の木が生えていて、知恵の木の実を食べると善悪を知り、命の木の実を食べると永遠の生を得る。アダムとイヴは知恵の木の実を食べて楽園を追放されたが、神は人間が命の木の実を食べることを恐れて、天使ケルビムと炎の剣に命の木を守らせた。

＊7――「一八三〇年の憲章」は、七月王政の基本法で、形式上は国民主権を宣言し、わずかではあるが王権を制限していた。「新しい憲法」については、マルクスは、チャーティストの機関誌『ノーツ・トゥ・ザ・ピープル（人民への報告）』の一八五一年六月一四日付第七号に寄稿した「一八四八年一一月四日に採択されたフランス共和国憲法」（『全集』第七巻所収）という英語論文でも分析を加えている。

＊8――アキレスは、ギリシア神話の英雄で、ホメロスの『イリアス』の主人公。ペレオス王と海の女神テティスの子。母のテティスは、アキレスの全身をステュクス河に浸けて不死身に

しようとしたが、手でつかんでいた踵の部分が河に浸されず、その一カ所だけが急所となった。そのためテティスは、アキレスが短命に終わることを予言していた。

＊9――「エリゼ（エリュシウム）」は、ギリシア神話の楽園で、神々に愛された人々が死後幸福な生活を営むとされた野原。パリのシャンゼリゼ（エリゼの野）通りにあった大統領官邸（エリゼ宮）にかけた洒落。

＊10――カトリックのトラピスト修道会の修道士同士のあいさつの言葉だが、ここでは、大統領の任期を定めた憲法の条文の比喩。一六六四年に成立したトラピスト修道会は、厳格な戒律と禁欲的な生活で知られていた。

＊11――クリシーの町には、一八二六年から一八六七年まで債務者拘留所があった。

＊12――一八四八年のフランス憲法第一一〇条は、「国民議会は、現憲法とそれが不可侵だと定めた諸権利との保管を、すべてのフランス人の警戒心と愛国心に託す」としている。

＊13――原語（プレトーリウム）は、古代ローマの皇帝または将軍に養われて特権を与えられた親衛隊のことだが、ここでは、ルイ・ボナパルトのクーデタを助けた将校と軍隊の一部を指す。

＊14――カヴェニャック将軍は、不干渉政策を宣言したにもかかわらず、一八四八年秋に新たに高揚したイタリアの国民解放運動に対するナポリ王国とオーストリアの干渉戦争に外交的な支持を与えた。一一月一六日のローマの民衆蜂起の後に当時のローマ教皇ピウス九世がナ

ポリのガエタ要塞に逃れると、カヴェニャックはフランス国内の避難所の提供を申し出た。フランス政府の対応に元気づけられて、ピウス九世は一八四八年一二月四日、すべてのカトリック国家にローマ革命に対する戦争を呼びかけ、ナポリとオーストリアがすぐさまそれに応じた。カヴェニャックはローマ共和国に対する遠征隊の派遣を準備したが、それは後に大統領ルイ・ボナパルトによって実施された。なお、本文中の「むしろそうすることを放棄し」は、第二版では「外国の前にはいつくばり」に、「イタリアを自ら占領する代わりに」は「イタリアを解放する代わりに」に、変更された。

＊15——ルイ・ボナパルトは、一八三二年にトゥールガウ県でスイス公民権を獲得した。イギリス亡命中の一八四八年には、ロンドンで特別警官（民間人からなる警察予備隊）に応募している（第一章の注3を見よ）。

＊16——マルクスは、一八五〇年に執筆した『フランスにおける階級闘争』の第二章で、ルイ・ボナパルトが当選した一八四八年一二月一〇日の大統領選挙を、「金持ちの共和制」を打倒した「農民反乱の日」「農民のクーデタ」だと規定している。「ナポレオンは、一七八九年に新たに作られた農民階級の利害と空想を余すところなく代表する唯一の人物」であり、農民階級は、彼らにとっては課税強化でしかない共和制に反対し、ルイ・ボナパルトを選ぶことによって「彼らの階級の利益の貫徹を声明した」、というのがマルクスの分析である（『全集』第七巻、四一〜四二頁参照）。

＊17――一八四八年一二月二〇日にカヴェニャックが辞職し、憲法制定国民議会によって共和国大統領だと宣言されたルイ・ボナパルトは、バロを首班とする第一次内閣を任命した。

＊18――この段落は、第二版では削除された。

＊19――ローマ皇帝カリグラ（在位三七～四一）は、即位するとすぐに、元老院とともに親衛隊の行進を閲兵し、彼らに向かって演説した。

＊20――ルイ・ボナパルトがイギリス滞在中に執筆し、一八三九年にパリとブリュッセルで出版した『ナポレオン的観念』という本への当てこすり。ルイ・ボナパルトは、この本で、「ナポレオン的観念は、革命の五〇年によって破壊されたフランス社会を再建すること、秩序と自由、すなわち人民の諸権利と権威の諸原理を両立させることにある」と述べ、「ナポレオン的観念」という言葉を自分の政策理念として提示した。

＊21――『ル・モニトゥール・ユニヴェルセル（世界報知）』。一七八九年に創刊された日刊紙で、一七九九年以降一八六八年まで政府の官報であり、政府の命令や議会報告などの公式資料が掲載された。

＊22――一八四九年春にフランス軍は、ローマ共和国に干渉し、ローマ教皇の世俗権力を再建するために、イタリアへ派遣された。派遣軍の装備費を議会に認めさせる際の口実は、オーストリアに対してピエモンテを援助し、ローマ共和国を守るということであった。一八四九年四月二七日にフランス軍はチヴィタヴェッキア（ローマ近郊の海港で要塞）近くに上陸

したが、四月三〇日には、ジュゼッペ・ガリバルディ（一八〇七～八二）指揮下のローマ共和国軍によって撃退された。なお、このあたりのマルクスの叙述は正確ではなく、国民議会の内閣非難決議は五月七日に行われ、五月八日の『モニトゥール』で公表された。ルイ・ボナパルトの五月八日付「共和国大統領のウディノ将軍への手紙」は、五月一〇日付『ル・ピュプル（人民）』に掲載された。

＊23――監査委員とは、本来は古代ローマの元老院の最下位の官職で、財務官、文書係であった。ここでは、フランス国民議会の委員会で、経済と財政ならびに議会の保護と安全について責任をもつ委員会を指す。ル・フロー将軍ら三人の王政派委員は、一八五一年一一月六日に軍隊の命令権を明確に議会に帰属させようとする動議を提出し、この動議をめぐって激論が交わされた。七月王政下で首相だったオルレアン派のティエールが動議に賛成したが、ボナパルト派の陸軍大臣で、後にクーデタの首謀者の一人となるサン＝タルノーが反対を表明し、動議は結局一一月一七日に否決された。採決では、王政派のほうが危険だとみなしたモンターニュ派（小市民的民主派と社会主義者のブロック。第一章の注3を見よ）は、ボナパルト派を支持した。

第三章

＊1――「それは」以下この段落の終わりまで、第二版では削除された。

＊2――フランス語で正しくは、ギヨチン。医師J・I・ギヨタン（一七三八～一八一四）の提唱による斬首台。

＊3――馬術の跳躍の一種。

＊4――フロンド（意味は投石機）とは、アン王妃の摂政時代（一六四三～五三）の絶対主義に対する反政府運動で、急進的な農民や反政府的なブルジョアジーから高級官僚や貴族までの多様な社会的要素を含んでおり、そのために内部分裂し、弱体であった。運動の担い手は、最初は市民層（議会フロンド）だったが、後には上級貴族（公爵フロンド）に移り、主として宰相ジュール・マザラン（一六〇二～六一）の政策に反対した。

＊5――「灰色に灰色を重ねて描く」という表現は、ヘーゲルの『法哲学』序文に出てくる。「哲学がその理論の灰色に灰色を重ねて描くとき、生の一つの姿はすでに老いたものとなっているのであって、灰色に灰色ではその生の姿は若返らされはせず、ただ認識されるだけである。ミネルヴァのフクロウは、たそがれがやってくるとはじめて飛びはじめる」（前掲『世界の名著35 ヘーゲル』、一七四頁）。

＊6――後期ロマン派の詩人アーデルベルト・フォン・シャミッソー（一七八一～一八三八）の

『影をなくした男』（池内紀訳、岩波文庫、一九八五年。原題は『ペーター・シュレミールの世にも奇妙な物語』）の主人公。自分の影を魔法の財布と交換し、影を失う。

＊7――クーデタを準備していたボナパルト派のサークルや新聞は、無政府状態や革命的陰謀、新たな農民蜂起などの恐怖で、大統領選挙を前にしたフランスの公衆をおびえさせようとした。特に前警視総監のA・ロミイのパンフレット『一八五二年の赤い幽霊』（ブリュッセル、一八五一年）がこのキャンペーンで一定の役割を演じた。

＊8――フリュギアは、小アジア中西部にあった古代の国の名。フリュギア帽は、円錐形で頂点が前方にまがっている縁なし帽で、フランス革命のときにジャコバン派がかぶって以来、自由の象徴とされた。

＊9――この一文は、第二版では削除された。

＊10――フランス二月革命に端を発し、三月以降にプロイセンやオーストリアをはじめとするドイツ諸国、イタリア、ハンガリーなどに波及した革命は、秋以降には敗北局面に入る。一〇月にはウィーンの革命政権が皇帝軍の包囲攻撃によって崩壊し、一二月にはベルリンのプロイセン国民議会が軍隊によって解散させられた。一八四九年に入ると、一月にオーストリア軍がハンガリー革命を制圧し、四月にはフランス軍によるローマ共和国攻撃が開始され、五月にはドイツ国憲法戦役が始まった。これら諸地域の革命が最終的に軍事力によって鎮圧されるのは、七月から八月にかけてであった。

＊11――フランス王フランソワ一世（一四九四～一五四七）が言ったとされる慣用句「すべては失われたが、名誉だけはある」をもじったもの。

＊12――「夜には猫はみな灰色に見える」という諺がある。見分けがつかず、みな同じ（ここでは反動）に見えるということ。

＊13――この一文での「オーストリア」は、第二版では「プロイセン」に変更された。

＊14――名誉革命体制下の野党であった大土地所有者の党、トーリー党が、彼らの政敵ウィッグ党と同じくすでにブルジョアジーの党であることを、マルクスは後に『ニューヨーク・デイリー・トリビューン』一八五二年八月二一日付に掲載された論説「イギリスの選挙――トーリー党とウィッグ党」（『全集』第八巻所収）で詳しく論じている。

＊15――ドイツのヴィースバーデン近郊のエムスには、アンリ五世の名で王位を要求していたシャンボール伯爵が時折滞在したが、一八四九年八月にそこで、シャンボール伯爵も出席して、正統王朝派の会合が開かれた。ロンドンの南のクレアモント城（もしくはヘイスティングス近郊のセント・レオナードの湯治場）には、二月革命後亡命したルイ＝フィリップが住んでいたが、ここではオルレアン派とルイ＝フィリップとの話し合いを指す。

＊16――「国事行為」と訳したのは、文字通りには「元首と国家の行動」であるが、一七世紀から一八世紀前半には、ドイツでは旅芸人の一座によって上演される劇のことをこう呼んだ。彼らは、悲劇的な歴史的事件を題材として、それを大げさに誇張したこっけいな仕草で演

じた。ここから、俗語では「国事行為をする」と言えば「大げさに騒ぎ立てる」ことを意味する。他方、一九世紀の正統派歴史学では、この同じ言葉が「重要な政治的事件」という意味で使われ、たとえば、レオポルト・フォン・ランケ（一七九五〜一八八六）は「国事行為」こそが「客観的歴史叙述」の本来の対象だとみなした。マルクスはおそらく両方の意味を念頭において、洒落として使っている。

＊17――ウディノ将軍率いるフランス軍は、一八四九年四月三〇日にローマの共和派によって撃退され、休戦協定が結ばれた。しかしフランス軍は、五月末に休戦協定を破って新たな攻撃を開始し、ローマを包囲してくりかえし砲撃を加えた。その結果、七月三日にローマ共和国は降服した。

＊18――一八四九年八月一〇日に国民議会は、「六月一三日の陰謀と暗殺計画の教唆煽動者と共犯者」を「重罪裁判所」に引き渡すという法律を可決した。ルドリュ＝ロランやコンシデランを含む三四人のモンターニュ派が裁判にかけられ、有罪判決を受けた。またこの事件後、国民議会多数派は、議員の演説の自由を制限し、議長に議員の除名と日当取り上げの権限を与える規則を採用した。この規則案は一八四九年六月二三日に提案され、何日もかけて討議された後、七月六日に可決された。このときの国民議会議長は、オルレアン派からボナパルト派に鞍替えしたデュパンであった。

＊19――リヨンの労働者蜂起は、八時間の戦闘の後、多くの血を流して鎮圧された。

＊20――『ラ・レフォルム』と『ラ・デモクラティ・パシフィーク（平和的民主主義）』。

＊21――旧約聖書「ヨシュア記」第六章。モーセ死後、ヨシュアに率いられたイスラエル人はヨルダン河を渡ってエリコの町に達したが、エリコは城門を閉ざしてイスラエル人を拒否した。イスラエル人が七日間にわたって七本のラッパを吹き鳴らしながら町の周囲をめぐると城壁が崩れ落ち、イスラエル人は町を攻め取って「男も女も若い者も老いた者も、牛、羊、ロバをもことごとく剣にかけて滅ぼした」。

＊22――この一文は、第二版では削除された。

＊23――ワラキアはルーマニア南部の地方で、ワラキア人とは広義でルーマニア人を指すが、比喩的に、文明から遠く離れた寒村、僻地の人という意味でも使われる。ここには、おそらくマルクスの東南ヨーロッパ諸民族に対する軽蔑的・差別的意識がほの見えている。

＊24――一八五〇年七月の『ピュプル』第二号に掲載された、プルードンのルドリュ＝ロランらへの公開書簡の中の言葉。

＊25――祭司長サムエルは旧約聖書の登場人物だが、ここではローマ教皇ピウス九世を指す。ローマ出兵によって教皇の世俗権力の再建を援助したことで、フランスの王冠を教皇の手から受けようと目論んだルイ・ボナパルトの計画への当てこすり。旧約聖書「サムエル記 上」第一六章によれば、古代ユダヤの支配者ダヴィデは、預言者サムエルによって油を注がれて聖別され、王位に就けられた。

＊26——アウステルリッツ（チェコのモラヴィア地方にある）近郊で、一八〇五年一二月二日にロシアとオーストリアの連合軍が、ナポレオン一世によって壊滅的敗北を喫した。

第四章

＊1——教皇ピウス九世が一八四六年の就任の際におこなった恩赦、教皇領における幅広い改革の開始、教皇領の世俗的内閣をもつ立憲的体制の導入などが「自由主義的な態度」とみなされた。ただし、これらは民衆の要求の一部に対する外見的な譲歩にすぎなかった。ルイ・ボナパルトのネー宛の手紙は、一八四九年九月七日付『モニトゥール』に掲載された。

＊2——一八四九年一〇月一九日の国民議会でのユゴーの演説を指すものと思われる。

＊3——ワイン税は、国民議会の決議によって一八五〇年一月一日をもって廃止されることになっていたが、一八四九年一二月二〇日の本会議で廃止が撤回された。教育法は、ファルーによって起草され、一八五〇年の一月から三月にかけて国民議会で審議された後、三月一五日に可決された。これは、国家の管理を受けない私立学校を認めたもので、カトリックの宗教的教育を許すことになった。

＊4——「真の命の水」とは、新約聖書「ヨハネ黙示録」第二二章に描かれた、世の終わりの後に出現する聖都エルサレムを流れる河の水。

＊5——新約聖書「マタイによる福音書」第五章で、イエスは弟子たちにこう語っている。「あな

たがたの言葉はただ、しかり、しかり、否、否、であるべきだ。それ以上に出ることは、悪からくるのである」。

＊6――紀元前四世紀のシラクサの僭主ディオニシオス一世は、彼の幸福を称える廷臣ダモクレスに対して、王座の上に天井から毛一本で剣をつり下げて、そこにダモクレスを座らせ、支配者の幸福の危うさを悟らせたと伝えられる。

＊7――ラザール＝イポリット・カルノー、ポール・ドフロット、フランソワ・ヴィダル。

＊8――城伯（Burggraf）とは、神聖ローマ皇帝が任命した中世ドイツの城塞都市の支配者のことで、当時のフランスでは、中世ドイツを舞台としたユゴーの戯曲の題名として知られていた。ここでは、一八五〇年五月一日の内務大臣の命令で新選挙法の起草のために設置された立法議会の委員会のメンバーを指す。この委員会は、一七人のオルレアン派と正統王朝派からなるが、権限を超えた権力を要求し、しかも反動的だったことから、皮肉を込めてこう呼ばれた。

＊9――一八四八年五月一五日事件に関しては、一八四九年の三月七日から四月二日にかけてブールジュで二〇人の革命家に対する裁判がおこなわれ、被告のうち一〇人が重罰の有罪判決を受けた。ブランキは一〇年の独房禁固刑に、他の者は終身ないし長期の国外追放に処せられた。

＊10――一八五〇年七月一六日に立法議会が可決した新しい出版法は、新聞の発行人に義務づけら

れた供託金の額をかなり引き上げ、印紙税を導入した。印紙税は小冊子にも適用された。この出版法によって、フランスの出版の自由は事実上消滅した。

＊11――『ラ・プレス』は、一八三六年に創刊された日刊紙で、エミール・ド・ジラルダンが編集者であった。一八四八〜四九年には共和派の機関紙だったが、後にボナパルト派になった。

第五章

＊1――ラッツァローニとは乞食を意味するが、イタリア、特にナポリでは、職を失って浮浪者となった労働者のことを指し、しばしば政府によって反革命のために利用された。

＊2――カイエンヌはフランス領ギアナの首都であり、政治犯はそこに流刑された。

＊3――「彼が後に」以下、この文の終わりまでは、第二版では削除された。

＊4――七月王政下でルイ・ボナパルトは何度か軍事クーデタを試みた。一八三六年一〇月三〇日に、当時スイス国民だったルイ・ボナパルトは、何人かのボナパルト派の将校の協力を得て、ストラスブール守備隊の二個砲兵連隊を動員するのに成功したが、数時間後には蜂起者は武装解除され、ルイ・ボナパルト自身も逮捕された。彼は、このとき本当に、カゴに入れた一羽の生きた鷲を携えていたといわれる。彼は、アメリカへ国外追放されたが、一八三七年にはスイスに帰国した。

*5――一八四〇年八月六日、フランスで帝政待望の雰囲気がある程度復活したのを利用して、ルイ・ボナパルトは、フランス軍第四〇連隊の制服を着せた共謀者の一団とともにイギリスから英仏海峡を渡ってブローニュに上陸し、ブローニュの第四二連隊の間で反乱をかき立てようと試みた。この試みも完全に失敗し、彼は逮捕されて終身刑を宣告されたが、一八四六年にアーンの要塞から脱走してイギリスへ逃亡した。

*6――シェイクスピア『真夏の夜の夢』第一幕第二場。小田島雄志訳『シェイクスピア全集Ⅲ』白水社、一九七五年、八五頁。登場人物のニック・ボトム（ドイツ語訳ではクラウス・ツェッテルとなっている）は、素人芝居でライオンの役を申し出る。マルクスは、アウグスト・ヴィルヘルム・フォン・シュレーゲル（一七六七～一八四五）訳のドイツ語版『シェイクスピア戯曲集』全九巻（ベルリン、一八二五～三三年）を愛読していた。

*7――フランスの演劇作法では、一つの劇は、一日のうちに一つの場所で演じられる一つの筋（内容展開）に限られることが要求された。

*8――一八四八年二月二七日に、臨時政府は国民作業場の設立を命じ、三月七日に、公共労働大臣ピエール＝トマス＝アレクサンドラ＝マリ・ド・サン＝ジョルジュがその施行規則を公布した。国民作業場は、失業労働者のための一種の公共扶助施設であり、パリその他の都市での作業場は、労働者の職業を考慮せず、軍隊組織的に編成された。賃金として、労働者はパンを配給され、給料を受け取った。政府は、この国民作業場を、ルイ・ブランが一八

四〇年の『労働の組織』で提案したような人民作業場だと称した。しかし、ルイ・ブランの構想した作業場は、さまざまな主要産業部門ごとに設立され、そのメンバーは熟練労働者で、その労働給付に応じて賃金を受け取ることになっていた。六月反乱の鎮圧後の七月三日に、カヴェニャックは国民作業場の解散を布告した。

*9――シュフテルレとシュピーゲルベルクは、詩人・劇作家フリードリヒ・フォン・シラー（一七五九〜一八〇五）の戯曲『群盗』の登場人物で、倫理観を失った盗賊と人殺し。

*10――バッカスは、ギリシア神話のぶどう酒の神で、酔っぱらいの行列を率いてアジアをめぐり歩いたとされる。

*11――「祖国は危機にあり」という宣言は、プロイセン軍によるフランス革命への干渉戦争が開始された一七九二年七月一一日に、国民議会によって発せられた。九月二日には司法大臣ダントンが「祖国は危機にあり」という演説をしている。

*12――一八五〇年一一月九日付のロンドン『エコノミスト』の記事「大統領とシャンガルニエ将軍」。マルクスはこの記事を一八五〇年一一月ないし一二月に自分の「ロンドン・ノート」第四ノートに抜粋している。

*13――シラーの『歓喜の歌』の中の言葉。エリュシウム（エリゼ）とは楽園のことだが、ここではもちろん大統領官邸であるエリゼ宮にかけている。

*14――段落はじめの「エリゼ系の一新聞が」からここまでは、一八五一年一月一一日付のロンド

ン『エコノミスト』のパリ通信の記事を、ほぼそのまま訳したものである。なお、「エリゼ系の一新聞」とは、『ラ・パトリ（祖国）』一八五一年一月二日付だと思われる。

＊15――パルルマンとは、フランス革命以前に国内の主要都市に設置されており、一七九〇年に廃止された高等法院のこと。最も重要な意味をもっていたのはパリの高等法院で、これは、国王の命令を登録し、慣習や立法に合致しない国王命令に対して異議申し立てをする抗議権をもっていた。しかし、国王が自ら会議に出席した場合にはその命令を法律として登録することが義務づけられたので、実質的な権力はもたなかった。

＊16――ベル・イル・アン・メールは、ブルターニュ半島南岸に浮かぶ島で、ここには一八四九年から五七年まで、四八年六月反乱の参加者をはじめとする政治犯が収容されていた。ブランキもここに囚われていた。

＊17――アテナイオス（紀元前二〇〇年頃）の『学者の饗宴（デイプノソピスタイ）』によれば、エジプト王タホスが、小男だった盟友のアゲシラオスに「山は産みの苦しみに鳴動し、ゼウスは恐れたが、山から産まれたのはネズミ一匹だった」とからかったのに対して、アゲシラオスは本文のように答えたという。「アギス王」は、マルクスの思い違い。

＊1――立法国民議会の任期は三年で、一八五二年五月二七日に終わることになっていた。

＊2――エリスはギリシア神話の争いの女神で、ペレオスとテティスの結婚式に招待されなかったので、この結婚式の場で「最も美しい女性へ」と宛名を書いた金のリンゴを招待客の中に投げ入れた。ヘーラ、アテナ、アプロディテの間に争いが起こり、彼女たちから審判に選ばれたパリスは、アプロディテに決めた。アプロディテはそのお礼にパリスがヘレネーを奪うのを助けたが、それがトロイア戦争を引き起こした。このため、エリスのリンゴは、不和と争いの象徴とされている。

＊3――シェイクスピア『リチャード三世』第一幕第二場。「やさしい、おだやかな、徳高い王であったのに」というアンの台詞に対するグロスター公（後のリチャード三世）の台詞、「とすれば天に召されるにふさわしい人であったのだ」。小田島雄志訳『全集Ⅳ』白水社、一九七六年、一六頁。

＊4――意味は『国民集会』。一八四八年から一八五七年までパリで発行されていた正統王朝派の日刊紙。

＊5――一八五〇年代には、正統王朝派の王位請求者であるシャンボール伯（アンリ五世）はヴェネツィアに住んでいた。ロンドン近郊のクレアモントは、二月革命後にルイ＝フィリップが亡命して以来、オルレアン家の居住地であった。

＊6――この宣言は、正統王朝派の政治的見通しと請求権を総括したもので、正統王朝派の国民議会議員の指導者ベリエに宛てたシャンボール伯（アンリ五世）の手紙という形で公表された。マルクスは、一八五一年三月一日付のロンドン『エコノミスト』のパリ通信の記事によっている。

＊7――これは、復古王政時代の正統王朝派の陣営内部での戦術的な立場の相違を意味する。ルイ一八世（テュイルリ宮を居宅とする）とヴィレールは反動政策を慎重に進めることを主張したが、それに対して、アルトア伯（テュイルリ宮内のマルサン館という建物を居宅としており、一八二四年にシャルル一〇世として即位）とポリニャックは、革命前の秩序の完全な再建を支持した。

＊8――秩序党の一部とボナパルト派による憲法改正の動議は、一八五一年五月二八日に提出され、六月二日に採択されたが、正統王朝派内部では反対意見も強く、七月上旬のトクヴィルの報告は、憲法改正を事実上否定するものであった。マルクスはこの報告を、七月一二日付のロンドン『エコノミスト』の記事から引用している。本文にあるように、動議は七月一九日に正式に否決された。

＊9――一八四九年六月一五日のリヨンの労働者と職人の武装蜂起に対して、軍隊に鎮圧を命じたのが、マニャン将軍であった。

＊10――新約聖書「ルカによる福音書」第一六章第二九節の「彼らにはモーセと預言者とがある」

というアブラハムの言葉と、「ゼニ、カネ」を意味する俗語「モース（Moos）」をもじって、「モーセと預言者たち」で俗に「現金」という意味で使われる。

＊11——「みじめな連中、卑怯な連中」という言葉は、第二版では削除された。

＊12——一八五一年五月から一〇月まで、ロンドンで世界最初の万国産業博覧会が開かれ、六〇〇万人が入場した。これ以後ヨーロッパとアメリカでは、万国博覧会は、産業技術の展示を通じて国威を発揚する国家的祭典の最も重要な形式として全盛期を迎え、数年おきに各地で開催されていくことになる。

＊13——これは、リヴァプールの貿易会社「T&H・リトルデイル・カンパニー」だと思われる。以下の引用は、一八五二年一月一〇日付のロンドン『エコノミスト』からのものである。

＊14——意味は『議会の使者』。一八五一年二月一六日から一二月二日までパリで発行された日刊紙。

＊15——「三五五票対三四八票」という数字は一八五一年一一月一五日付のロンドン『スペクテイター（観察者）』によるものと思われるが、一一月二二日付の『エコノミスト』によれば「三五三票対三四七票」である。

＊16——一四世紀のスコラ哲学者ビュリダンの考えた詭弁論理。もし意志の自由があるとすれば、二つの同じ量の干し草の間におかれたロバは、等しい力で両方の干し草に引きつけられるので、どちらへ行ったらいいか決められず、餓死することになる、という議論。

*17――一二月四日に、パリでは共和派の議員や労働者組織の指導者に率いられて、手工業者、労働者、小商店主たちが蜂起したが、ボナパルト派の軍隊によって武力で鎮圧された。「一二月三日から六日までの」は、第二版では「一二月四日の」に訂正された。

*18――長期議会は、一七世紀イギリス市民革命（ピューリタン革命）の担い手となった議会。一六四〇年に開会し、一六五三年まで存続したので、こう呼ばれる。独自の議会軍を創設して国王軍に勝利し、国王チャールズ一世を処刑するとともに王政を廃止して革命権力となったが、議会軍の指導者クロムウェルによって解散され、彼の独裁に道を譲った。

*19――イギリス市民革命では、一六四八年に国王処刑に反対する長老派の穏健派議員が追放されたが、その後の独立派を中心とする長期議会のことを、残存議会と呼ぶ。

第七章

*1――この段落は、第二版では削除された。

*2――第二版では「一二月四日に」と訂正された。

*3――キルケーは、ホメロスの叙事詩『オデュッセイア』に登場する魔女で、オデュッセウスの部下たちを誘惑したうえで、魔法で豚に変えた。

*4――「法律上の国家」とは、七月王政下の選挙資格制限の下で選挙権をもつ約二〇万人の有権者のみを「法律上の主権者」として構成される国家のこと。

＊5――この段落は、第二版では削除された。

＊6――パンテオンとは、本来は古代ローマのアグリッパが紀元前二七年に建立した万神殿のことだが、フランス革命においては、パリのサン＝ジュヌヴィエーヴ教会が「偉人の殿堂」としてのパンテオンとされ、ルソーをはじめとする啓蒙思想家や革命の英雄たちが葬られて祭られた。

＊7――この段落は、第二版では削除された。

＊8――「プロレタリアートは」以下ここまでの文は、第二版では削除された。

＊9――この一文は、第二版では削除された。

＊10――煉獄とは、カトリックの教理の一つで、原語は文字通りには「浄めの火」を意味する。この世で小さな罪を犯し、その償いが済んでいない者の霊魂が、死後罪を浄められるまでとどまる一時的な罰の状態、あるいは罰を受ける場所。火に焼かれる苦痛を味わわなければならないが、ミサによって救われて天国に入る望みがある。プロテスタントは、煉獄の存在を認めていない。

＊11――シェイクスピア『ハムレット』第一幕第五場。小田島雄志訳『全集I』白水社、一九七三年、二三八頁では、「みごとだな、モグラ殿。地面の下をそんなに早く駆けまわるとは」。

＊12――「国家が社会に対して自立し、社会を制圧したように見える」が、第二版では「国家が完全に自立したように見える」と訂正され、それに続く一文は削除された。

＊13――この一文は、第二版では削除された。

＊14――「執行権力が議会を、国家が社会を」が、第二版では「執行権力が社会を」と訂正された。

＊15――「父子関係の追究は禁止される」とは、未婚の女性が子供を産んだ場合に、特定の男性にその子供を認知させるための法律行為を禁じたもの。結婚している女性が子供を産んだ場合には、その夫が自動的に父となる。ルイ・ボナパルトは、ナポレオンの弟であるオランダ王ルイ・ボナパルトを父として一八〇八年にパリで生まれたが、母オルタンス・ボーアルネ（ナポレオンの前妃ジョゼフィーヌの連れ子）の不倫による子で、ナポレオンとは血がつながっていないという噂があった。それへの当てこすり。

＊16――ルイ・ボナパルトのクーデタに反対する共和派の蜂起は、約二〇〇の県に広がり、手工業者、労働者、小商店主、知識人だけでなく、農民も参加した。しかし、蜂起はバラバラで統一的な指導部もなく、警察とボナパルト派の軍隊によってまもなく鎮圧された。

＊17――これは、共和派の蜂起への参加者に対する報復措置を、一九世紀前半のドイツのいわゆるデマゴーグ狩りにたとえたものである。ドイツでは、一八一九年のカールスバード決議（ドイツ連邦諸国の大臣会議の決議）によって、学生運動を含むすべての反政府活動が「デマゴーグ的策動」とされて、弾圧された。

＊18――セヴァンヌは、南フランスのラングドック県にある山岳地帯で、一七〇二年から一七〇五年まで「カミザールド（ブラウスを着た人々）」の蜂起と呼ばれる農民蜂起が起きた。こ

の蜂起は、はじめはプロテスタントに対する迫害によって始まったが、明確な反封建的な性格を帯びていた。この蜂起は、一七一五年にいたるまで、各地でくりかえし燃え上がった。ヴァンデは、西フランスの県で、一七九三年春に革命に反対する貴族や僧侶に指導された農民反乱が起こった。反乱の直接のきっかけは、イギリスを中心に結成された対仏同盟に対抗するために国民公会が発した徴兵令への反発であったが、農民は徴兵を拒否しつつ「国王と信仰のために」村をあげて戦い、公安委員会の派遣した共和国正規軍によって徹底的に鎮圧された。女性子供を含む大量虐殺が行われ、犠牲者は一〇万から六〇万人に上ると推定されている。ヴァンデはこれ以後、反革命の代名詞とされた。

＊19――「卑劣な大衆 (vile multitude)」という言葉をマルクスはフランス語で表記しているが、これは、一八五〇年五月二四日の立法国民議会での演説でティエールが使った表現である。

＊20――クーデタ後の一二月二〇日にルイ・ボナパルトが実施した国民投票では、投票総数八〇九万票のうち七四四万票（九二パーセント）という圧倒的多数がクーデタを承認した。

＊21――国民公会は、一七九二年九月に成立した立法議会で、ジャコバン＝モンターニュ派の革命独裁の機関であり、一七九三年七月の法令によって農民をすべての封建的負担から無償で解放した。二つの独裁権力の併存を表象することが「グロテスク」なのである。

＊22――「農民階級の優遇でさえも」以下ここまでは、第二版では削除された。

＊23――この一文は、第二版では削除された。

＊24――「ナポレオン治下では」以下ここまでは、第二版では削除された。
＊25――この一文は、第二版では削除された。
＊26――正統王朝派の指導者モンタランベールは、一八五〇年五月二二日の演説で、「社会主義に対する真剣な闘争を遂行する」よう国民議会の議員に要求していた。
＊27――「泥沼の花」には、道徳的退廃の土壌から生まれた奇形的現象という意味がある。
＊28――「ランプラサン（remplaçant）」とは、フランス語で、徴兵された兵士の身代わりとなって兵役を務める代理人のこと。
＊29――「国家機構の瓦解が」以下ここまでは、第二版では、次のように書き換えられた。「分割地所有の破壊の進行とともに、その上に築き上げられた国家建造物が倒壊する。近代社会が必要とする国家の中央集権化は、封建制との対立の中で鍛錬された軍事的・官僚制的政府機構の瓦礫の上にのみ立ち上がる」。
＊30――旧約聖書「出エジプト記」第一九章以下によれば、モーセは神によってシナイ山の頂に呼び出されて「十戒」を授けられた。「一二月二〇日と二一日の普通選挙」とは、圧倒的多数によってクーデタを支持した国民投票のこと（注20参照）。
＊31――サウロは使徒パウロがキリスト教徒になる前の名前（新約聖書「使徒行伝」第一三章）、シモンは一二使徒の一人ペテロの別名（「マタイによる福音書」第一〇章）。
＊32――旧約聖書「エゼキエル書」第三七章第五節。なお、「たしかにフランス国民は」以下この

段落の終わりまでは、第二版では削除された。

＊33――「専制か」以下の二つの文は、第二版では削除された。

＊34――一四一四〜一八年のコンスタンツ公会議は、一四世紀に始まった初期宗教改革によって動揺したカトリック教会の立場を固めるために召集され、先駆的な宗教改革指導者であったイングランドのジョン・ウィクリフ（一三二〇頃〜一三八四）とボヘミアのヤン・フス（一三六九頃〜一四一五）の教えを異端として断罪した。ウィクリフは、巨大な富の所有者となった教会制度そのものを批判し、すべての人が聖書を直接検討する権利をもつと考えて「俗語」である英語に翻訳した。フスも、ウィクリフの影響を受けて聖職者の腐敗と俗物性を批判し、教皇による免罪符の販売に反対した。公会議に出頭したフスは、逮捕され、異端者として火刑に処せられた。公会議は、批判の的であった教皇ヨハネス二三世（在位一四一〇〜一五）を廃位し、教皇位をめぐる争いを解決して新しい教皇を選出することで、カトリック教会の統一を再建した。

＊35――「真の社会主義」とは、一八四〇年代にフランス社会主義思想の影響を受けながら、ドイツ的な「真の」社会主義を主張したカール・グリューン（一八一七〜八七）やモーゼス・ヘス（一八一二〜七五）たちの思想と運動を指すが、ここでマルクスの念頭にあるのは、本書第三章で特徴が描かれている、フランス社会主義のいわゆる「社会民主派」の思想であると思われる。

＊36――この最後の一文は、第二版では削除された。

＊37――イソップ（アイソーポス）寓話によるもので、パートナーの一方（ライオン）が利得をすべて得て、他方が損害をすべて被る、という契約のこと。

＊38――カルトゥジオ会は、一〇八四年にフランスのグルノーブルに近いアルプス山中のシャルトルーズ（古名カルトゥジア）に創立された修道会。戒律の厳重さで知られる。

＊39――「そして」以下の二つの文は、第二版では削除された。

＊40――少し前に引用されているレオン伯爵夫人の言葉とジラルダン夫人の言葉は、ハインリヒ・ハイネの秘書でマルクスの友人だったパリ在住のリヒャルト・ラインハルト（一八二九～九八）がマルクスに送った手紙に出てくる。マルクスはこの手紙を、デュッセルドルフのフェルディナンド・ラサール（一八二五～六四）に宛てた一八五二年二月二三日付の手紙の中で引用している。「デュパンとともに職を辞した大臣ド・モルニに関していえば、彼は自分の愛人レオン伯爵夫人の夫をだました人間として知られていた。女房に頭のあがらぬ亭主どもに動かされる政府ならお目にかかったこともあるが、男妾に動かされる政府などこれまでまだ見たこともないと、エミール・ド・ジラルダンの妻をして言わしめたような状態だった。ところで、いまやこの同じレオン伯爵夫人が、彼女のサロンでボナパルトを最もはげしく罵る女の一人であり、オルレアン家の財産没収の直後に言われたような有名な洒落はもともと彼女から出ているのだ。これは鷲の最初の飛翔だ。エミール・ド・

ジラルダンは自分の妻の発言のため追放された」（『全集』第二八巻、三九九頁）。

*41――マルクスの生まれ故郷トリーアの聖衣とは、トリーアの聖ペテロ大聖堂に保存されている聖遺物で、キリストが十字架にかけられたときに着ていた衣服だというもの。ローマ皇帝コンスタンティヌス一世の母ヘレナ（二四七頃~三二七）がエルサレムから持ち帰ったと伝えられている。

*42――ヴァンドームの円柱とは、捕獲された大砲と小銃の青銅から鋳造された円柱で、一八〇五年の「大陸軍」の勝利を記念して、一八〇六年から一八一〇年にかけてパリのヴァンドーム広場に建てられたもので、その上にナポレオン一世の銅像が載っていた。この銅像は復古王政の間は取り除かれていたが、一八三三年にまた建てられた。一八七一年に、この円柱と銅像は、パリ・コミューンの布告によって、「野蛮の記念碑、凶暴な権力と虚偽の名声の象徴、軍国主義の肯定、国際法の否認、勝者による敗者に対する永続的な侮辱」として破壊された。

第二版への序文

*1――この雑誌は、一八五二年一月に週刊誌として二号まで発行され、その後「不定期刊雑誌」として五月に第一号、六月に第二号が発行された。事実上「月刊誌」となったという意味

である。

＊2――ユゴー『小ナポレオン』ロンドン、一八五二年。プルードン『一二月二日のクーデタによって証明された社会革命』ブリュッセル、一八五二年。

＊3――「クーデタの発行責任者」という言い方は、『ブリュメール18日』本文冒頭での「ブリュメール一八日の第二版が出版された」という表現に対応している。なお、ユゴーの『小ナポレオン』は、ルイ・ボナパルト個人の違法性と非人間性を告発することによって、第二帝政批判としてフランスで最も大きな影響を与えたものであり、第三共和制のイデオロギー（ヒューマニズムの立場からの帝政批判）の基礎となった。

＊4――第七章の注42に示したように、円柱と銅像が実際に破壊されたのは一八七一年であるが、マルクスがここで「成就した」と言っているのは、帝政のパロディが実現したことによってナポレオン伝説が力を失った、ということである。

＊5――シャラス『一八一五年のワーテルローの戦いの歴史』ブリュッセル、一八五八年。

＊6――「カエサル主義」は、ルイ・ボナパルトの登場とともに一八五〇年代に入って使われるようになった一種の流行語で、武力による独裁を意味するけなし言葉。プルードンも、注2に示した著作でこの言葉を取り上げ、古代ローマと現代の社会的・歴史的条件の違いを説いたうえで、現代のカエサル主義は必然的に社会主義に導かれる、と主張している。

＊7――シスモンディ『経済学研究』第一巻、パリ、一八三七年、三五頁。

＊8――カンタベリー大主教は、イギリス国教会の宗教上の最高指導者の地位で、国王の戴冠式で王冠を授ける儀礼的役割を演じる。祭司長サムエルについては、第三章の注25参照。

表①──政治党派と階級的基盤

	党派	階級的基盤	代表的人物
A	正統王朝派	土地所有ブルジョアジー	ファルー、ベリエ
B	オルレアン派	金融ブルジョアジー 大工業ブルジョアジー	ギゾー、ティエール、モレ、バロ、デュパン、シャンガルニエ
C	ブルジョア共和派（純粋共和派）	中産階級（ブルジョア、著作家、弁護士、官僚）	ラマルティーヌ、マラスト、カヴェニャック、ジラルダン
D	小市民的民主派（モンターニュ派）	小市民（小商店主、手工業者など）	ルドリュ＝ロラン
E	社会主義者	プロレタリアート	ルイ・ブラン、コシディエール
F	革命的共産主義者	プロレタリアート	ブランキ
G	ボナパルト派	ルンペンプロレタリアート	マニャン、モルニ公、モーパ

註1……AとBは、一八四八年五月以降、連合して「秩序党」を形成

註2……DとEは、一八四九年一月以降、提携して「社会民主派」を形成

表②——時期区分と階級闘争の構図

七月王政
（1830.7 ～ 48.2）

国王：ルイ＝フィリップ（オルレアン朝）
内閣：オルレアン派（ティエール、ギゾー）
議会（財産資格制限選挙、有権者約二五万人）：与党＝オルレアン派／野党＝オルレアン左派（バロ）、ブルジョア共和派
議会外反対派：正統王朝派、小市民的民主派、社会主義者
二月革命（1848.2.23-24）：選挙法改正運動の弾圧に反対する市民・労働者の蜂起→ルイ＝フィリップ退位

第二共和制
（1848.2 ～ 51.12）

第一期
（1848.2.24 ～ 48.5.4）

臨時政府（首班ラマルティーヌ）：ブルジョア共和派＋オルレアン左派＋小市民的民主派＋社会主義者
1848.2.25　共和制宣言
3.5　普通選挙制布告（男子普通選挙権、有権者九六〇万人）
4.23　憲法制定国民議会の選挙

第二期
（1848.5.4 ～ 49.5.28）

第一局面
（1848.5.4 ～ 48.6.25）

執行委員会：ブルジョア共和派中心（陸相ブルジョア共和派カヴェニャック）
憲法制定国民議会（5.4 開会）：ブルジョア共和派・モンターニュ派・秩序党の三党派形成、議長は純粋共和派マラスト
主な対抗関係：プロレタリアートに対するすべての階級の闘争
五月一五日事件：国民議会解散を要求する労働者のデモ、国民衛兵と正規軍が鎮圧→ブランキら共産主義者逮捕
六月反乱（6.23-26）：国立作業場廃止の布告（6.21）に反対するパリのプロレタリアートの蜂起

第二共和制
（1848.2 ～ 51.12）

第二期
（1848.5.4 ～ 49.5.28）

第二局面
（1848.6.25 ～ 48.12.10）

行政長官カヴェニャックへの独裁権力移譲＝パリの戒厳令→プロレタリアートの敗北（執行委員会解散）

憲法制定国民議会：ブルジョア共和派・モンターニュ派・秩序党

主な対抗関係：純粋ブルジョア共和派の独裁

1848.11.12 共和国憲法公布

12.10 大統領選挙：ルイ・ボナパルト当選（全投票数の七四パーセント＝五五三万票獲得）

第三局面
（1848.12.20 ～ 49.5.28）

大統領：ルイ・ボナパルト（12.20 就任）

内閣：秩序党（オルレアン派バロ＋正統王朝派ファルー）

憲法制定国民議会：与党＝秩序党／野党＝ブルジョア共和派・モンターニュ派（'49.1.27 社会民主派の成立）

主な対抗関係：ルイ・ボナパルト＋秩序党 vs 共和派ブルジョアジー（憲法制定国民議会）

1849.5.13 立法国民議会選挙→秩序党勝利、ブルジョア共和派激減、社会民主派進出

5.27 憲法制定国民議会解散

第三期
（1849.5.28 ～ 51.12.2）

第一局面
（1849.5.28 ～ 6.13）

大統領：ルイ・ボナパルト

内閣：秩序党（オルレアン派バロ＋正統王朝派ファルー）

立法国民議会(5.28 開会)：与党＝秩序党／野党＝モンターニュ派、議長はオルレアン派デュパン

主な対抗関係：ルイ・ボナパルト＋秩序党 vs 小市民

六月一三日事件：小市民的民主派のデモ、オルレアン派の将軍シャンガルニエにより粉砕→ルドリュ＝ロラン亡命

第二共和制
（1848.2～51.12）

第三期
（1849.5.28～51.12.2）

第二局面
（1849.6.13～50.5.31）

主な対抗関係：秩序党（ブルジョアジー）による議会独裁

1849.11.1 ルイ・ボナパルト、バロ内閣を解任、ドプール内閣任命→秩序党は議会内閣を失う

1850.3.10 立法国民議会の補欠選挙→モンターニュ派（社会民主派）の勝利

5.31 **新選挙法**：三年間の居住規定により選挙権を制限＝普通選挙権廃止（有権者約三〇〇万人減少）

第三局面
（1850.5.31～51.12.2）

主な対抗関係：ルイ・ボナパルトvs秩序党（議会のブルジョアジー）

1850.8.26 ルイ＝フィリップ死去→秩序党内部のオルレアン派と正統王朝派との対立再燃

1851.1.12 ルイ・ボナパルト、軍総司令官シャンガルニエを解任→議会は軍への司令権を失う

1.18 立法国民議会、政府不信任案を可決→秩序党の一部が脱落、単独過半数を失い、社会民主派と連合

4.11 ルイ・ボナパルト、反議会的内閣を任命

5.28 憲法改正（大統領任期延長）問題が議会討議に上る→秩序党の諸分派への解体

7.19 憲法改正案、四分の三の賛成なく不成立→議会秩序党と議会外ブルジョアジーとの決裂

11.4 ルイ・ボナパルト、教書で普通選挙権復活を要求→議会と執行権力との決裂

11.17 秩序党、監査委員法案提出（議会による軍の徴用を規定）→否決される

11.25 ルイ・ボナパルト、円形競技場で工業ブルジョアジーに演説、熱狂的支持を得る

12.2 ルイ・ボナパルトのクーデタ：議会解散、主な議員を逮捕、パリに戒厳令

大統領独裁
（1851.12.2〜52.12.2）

1851.12.4 クーデタに反対する共和派の蜂起→ボナパルト派の軍隊により鎮圧

12.10 クーデタの承認を問う国民投票（全投票数の九二パーセント＝七四四万票を獲得）

1852.1.14 新憲法公布（権力機関：大統領・国家参事会・元老院・立法院）

11.21 帝政復活の賛否を問う国民投票（全投票数の九八パーセント＝七八二万票を獲得）

第二帝政
（1852.12.2〜70.9.4）

1852.12.2 ルイ・ボナパルト、皇帝ナポレオン三世として即位

1870.9.4 ナポレオン三世、プロイセン軍の捕虜となり、帝政崩壊

人名解説

アイイ、ピエール・ド（一三五〇〜一四二〇）
説教師、パリ大学の神学教授。一四一〇年以降、枢機卿、教皇の外交使節。コンスタンツ公会議で重要な役割を果たした。
アルセニウス（三五四頃〜四五〇頃）
ローマの貴族。キリスト教徒となり、入植者としてエジプトの荒地に隠棲した。聖人とされる。
アレ、ルイ＝ピエール＝コンスタン（一八二一年頃生まれ）
警察のスパイ。
アレクサンドロス三世（紀元前三五六〜三二三）
紀元前三三六年以降マケドニア国王。エジプト、ギリシアからインドにまで及ぶ大帝国を建設し、大王と呼ばれる。
アングレース、フランソワ＝エルネスト（一八〇七〜一八六一）
地主、一八五〇〜五一年の立法国民議会の議員。秩序党に属する。
アンリ五世→シャンボール伯を見よ。

ヴァイス、クロード＝マリウス（一七九九～一八六四）
ボナパルト派の政治家、一八五一年一月から四月まで内務大臣。

ヴァイデマイアー、ヨーゼフ（一八一八～一八六六）
マルクスの同い年の友人、プロイセン陸軍の士官、ジャーナリスト。一八四六年にブリュッセルでマルクスらの共産主義通信委員会の活動に参加、共産主義者同盟のメンバーとなる。一八四八年革命に参加、四九年には『新ドイツ新聞』編集者。五一年にアメリカに亡命し、五二年にニューヨークでドイツ語雑誌『ディ・レヴォルツィオーン（革命）』を発行、『ブリュメール18日』はそれに掲載された。南北戦争には北軍の大佐として参加した。

ヴァティメニル、アントワーヌ＝フランソワ＝アンリ・ルフェーヴル・ド（一七八九～一八六〇）
正統王朝派の政治家、一八二八～五一年には文部大臣、四九～五一年には立法国民議会の議員。

ヴィエラ（生没年不詳）
フランスの大佐、一八五一年に国民衛兵の参謀部長。ボナパルト派で、五一年一二月二日のルイ・ボナパルトのクーデタに参加。

ヴィダル、フランソワ（一八一四～一八七二）
経済学者、社会主義者でルイ・ブランの信奉者。『富の分配について』という著書がある。一八四八年にはリュクサンブール委員会の総書記。五〇～五一年には立法国民議会の議員。

ヴィレール伯、ジャン＝バティスト＝セラファン＝ジョゼフ（一七七三～一八五四）
正統王朝派の政治家。一八二二～二七年には首相。

ヴェロン、ルイズ＝デジレ（一七九八～一八六七）
ジャーナリストで新聞『ル・コンスティテュシオネル（憲法）』の社主で編集長。一八四八年まではオルレアン派だったが、二月革命以後ボナパルト派に転じる。

ヴォルテール（本名アルエ、フランソワ＝マリ、一六九四〜一七七八）

フランス啓蒙思想を代表する思想家。理性と自由を掲げて封建制と専制政治および信教に対する不寛容と闘い、たびたび投獄され、イギリス、プロイセン、スイスに滞在。著書に『哲学書簡』（一七三四）、『哲学辞典』（一七六四）、風刺小説『カンディード』（一七五九）などがある。

ウディノ、ニコラ＝シャルル＝ヴィクトル（一七九一〜一八六三）

穏健共和派の将軍、第二共和制の憲法制定議会および立法国民議会の議員。一八四九年にローマ共和国に派遣された軍隊を指揮する。五一年のクーデタに対して、パリの国民衛兵司令官として抵抗を組織しようとして逮捕されたが、まもなく釈放され、軍を退役した。

オプール、アルフォンス＝アンリ・ド（一七八九〜一八六五）

フランスの将軍で、正統王朝派、ついでボナパルト派。一八四九〜五一年には立法国民議会議員、四九〜五〇年には陸軍大臣。

オルレアン公妃、エレーヌ＝ルイーズ＝エリザベト（一八一四〜一八五八）

ドイツのメクレンブルク・シュヴェーリン公女で、ルイ＝フィリップの長男のオルレアン公フェルディナン＝フィリップの妃。夫は一八四二年に馬車の事故で死亡し、パリ伯（一八三八〜九四）とシャルトル公（一八四〇〜一九一〇）の二人の息子を残した。二月革命後に子供を連れて亡命、ロンドン近郊のクレアモントに居住した。

カヴェニャック、ルイ＝ウジェーヌ（一八〇二〜一八五七）

一八三二年以降アルジェリア植民地制圧戦争に参加し「アフリカの英雄」と呼ばれた将軍たちの一人。四八年にアルジェリア総督となるが、二月革命後に憲法制定議会の議員に選ばれて帰国、陸軍大臣に任命され、六月二三日、パリの労働者蜂起の最高潮時に独裁権を付与されて蜂起を鎮圧した。一二月一〇日の大統領選挙でオルレアン派や共和派に支持されて大統領候補になったが、ルイ・ボナパルトに敗れた。五一年のクーデタで逮捕され、投獄された。

カエサル、ガイウス・ユリウス（紀元前一〇〇頃～四四）

ローマの将軍で政治家。終身独裁官（インペラトール）となるが、ブルートゥスらに暗殺される。

カトー、マルクス・ポルキウス（紀元前九五～四六）

小カトー、別名ウティカのカトー。護民官。ストア哲学者。カエサルに反対し、後に自殺した。

カルリエ、ピエール＝シャルル＝ジョゼフ（一七九九～一八五八）

ボナパルト派。一八四九～五一年にパリの警視総監。

ギーズ公、ロレーヌのアンリ二世（一六一四～一六六四）

一六四八～五三年のフロンドの反乱（形成期の絶対主義に対する貴族と市民層の反政府運動）の指導者の一人。

ギゾー、フランソワ＝ピエール＝ギヨーム（一七八七～一八七四）

歴史家で『ヨーロッパ文明史』（一八二八）の著者として有名。ソルボンヌ大学から政界に登用されて七月王政を支えた政治家であり、一八四〇～四七年には外務大臣、四七～四八年には首相として政権を担当。二月革命でロンドンに亡命した。

キンケル、ゴットフリート・ヨハン（一八一五～一八八二）

ドイツの民主主義者で一八四九年のバーデン＝プファルツ蜂起に参加し、終身刑に処せられたが脱獄してイギリスに亡命。亡命者の政治運動の指導者の一人となり、マルクスらと対立した。革命資金を公債という形で調達する目的で、一八五一年に一時アメリカに渡っている。

クーザン、ヴィクトル（一七九二〜一八六二）

フランスの哲学者で、ヘーゲルやシェリングらと親交があった。折衷主義の代表者。七月王政期には上院議員、高等師範学校校長、文部大臣を歴任した。

グラックス、ティベリウス・センプロニウス（紀元前一六二〜一三三）／**グラックス、ガイウス・センプロニウス**（紀元前一五三〜一二一）

兄弟ともにローマの護民官で、農民のための農業法の実施を図った。

グラニエ・ド・カサニャック、ベルナール＝アドルフ（一八〇六〜一八八〇）

ジャーナリスト。最初はオルレアン派だったが、二月革命後はボナパルト派に転じた。一八五二〜七〇年には立法院議員。ヴェロンの新聞『ル・コンスティテュシオネル』の協力者。

クルトン、ニコラ＝ジョゼフ（一七九八〜一八六四）

弁護士、オルレアン派、第二共和制の憲法制定議会と立法国民議会の議員。

クロムウェル、オリヴァー（一五九九〜一六五八）

イギリスの軍人、政治家。ピューリタン。一六四二〜四八年の内乱で議会軍を率いて国王軍を破り、四九年にチャールズ一世を処刑して共和制を宣言した。アイルランドを征服し、スコットランド軍を破って、イングランドのブリテン支配を確立。五三年には長期議会を解散して護国卿（ロード・プロテクター＝国家元首）の地位に就き、独裁権を掌握した。

コシディエール、ルイ（一八〇八〜一八六一）

一八三四年のリヨン蜂起に参加した社会主義者。二月革命でパリの警視庁を奪取、この功績によりパリ市長ガルニエ＝パジェス（一八〇三〜一八七八）によって警視総監に任命され、憲法制定議会の議員にもなるが、五月一五日事件への関与を問われて警視総監を解任された。六月反乱後ロンドンに亡命。

コンスタン・ド・ルベック、アンリ＝バンジャマン（一七六七〜一八三〇）
政治家で著作家。自由主義者だが反民主主義的な傾向の代表者。

サランドルーズ・ド・ラモルネー、シャルル＝ジャン（一八〇八〜一八五七）
産業資本家。第二共和制の憲法制定議会の議員。五一年のクーデタを支持した。

サルヴァンディ伯、ナルシス＝アシル（一七九五〜一八五六）
オルレアン派の政治家、一八三七〜三九年と四五〜四八年には文部大臣。

サン＝ジャン・ダンジェリ→レニョー・ド・サン＝ジャン・ダンジェリ伯を見よ。

サン＝ジュスト、ルイ＝アントワーヌ＝レオン・ド（一七六七〜一七九四）
ロベスピエールの片腕となって革命独裁を支えたジャコバン派の指導者。

サン＝タルノー、アルマン＝ジャック＝アシル・ルロア・ド（一八〇一〜一八五四）
ボナパルト派の将軍。一八三〇年以降のアルジェリア植民地制圧戦争に参加、五一年のクーデタの首謀者の一人。五一〜五四年には陸軍大臣、五二年に元帥となる。五四年には、クリミア戦争でのフランス軍総司令官。

サント＝ブーヴ、ピエール＝アンリ（一八一九〜一八五五）
工場主で地主、自由貿易論者。秩序党の代表で、第二共和制の憲法制定議会と立法国民議会の議員。

サン＝プリースト、エマニュエル＝ルイ＝マリ・ド・ギニャール（一七八九〜一八八一）
正統王朝派の将軍、外交官、一八四九〜五一年には立法国民議会の議員。

シスモンディ、ジャン＝シャルル＝レオナール＝シスモンド・ド（一七七三〜一八四二）
スイスの経済学者、歴史家。『経済学新原理』（一八一九）、『経済学研究』（一八三七〜三八）などの著作で資本主義経済の諸矛盾を批判的に分析し、恐慌の必然性を主張した。ほかに『中世イタリア共和国の歴史』(一八〇七〜一八)、『フランス史』(一八二一〜四四)などの著書がある。

シャラス、ジャン゠バティスト゠アドルフ(一八一〇〜一八六五)
穏健共和派の軍人。一八四八年六月反乱の鎮圧に参加。第二共和制の憲法制定議会と立法国民議会の議員。ルイ・ボナパルトに反対し、クーデタ後に国外追放された。『一八一五年のワーテルローの戦いの歴史』(一八五八)という著書でナポレオン伝説を批判した。

シャンガルニエ、ニコラ゠アンテーヌ゠テオデュル(一七九三〜一八七七)
オルレアン派の将軍で、一八三〇年以降のアルジェリア植民地制圧戦争で勲功を収め、二月革命後は憲法制定議会および立法国民議会の議員。四八年六月反乱の鎮圧に参加、その後カヴェニャックによってパリ国民衛兵総司令官、ついでパリの防衛を担当する第一師団長に任命された。四九年六月一三日のモンターニュ派の蜂起の企てを鎮圧。五一年のクーデタでは逮捕され、国外追放されたが、五九年に帰国した。

シャンボール伯、アンリ゠シャルル・ダルトア、ボルドー公(一八二〇〜一八八三)
復古王政のフランス王シャルル一〇世の孫。ブルボン家直系の最後の代表者で、アンリ五世の名で正統王朝派の王位請求者。はじめドイツのエムスに、一八五〇年代にはヴェネツィアに居住していた。

シュー、ウジェーヌ(一八〇四〜一八五七)
社会的テーマを扱った新聞連載小説の人気作家。代表作に『パリの秘密』(一八四三)、『さまよえるユダヤ人』(一八四四)などがある。マルクスは一八四五年の『聖家族』で『パリの秘密』を論じている。五〇年に立法国民議会の議員。

シュラン、ジャン＝ポール＝アダム（一七八九～一八八四）
　将軍、政治家、一八五〇～五一年にはボナパルト派の陸軍大臣。
ジョアンヴィル公、フランソワ＝フェルディナン＝フィリップ＝ルイ＝マリ、オルレアン公（一八一八～一九〇〇）
　ルイ＝フィリップの息子。海軍提督。オルレアン派の王位請求者であるパリ伯の叔父。二月革命後イギリスに亡命していた。
ジラルダン、エミール・ド（一八〇六～一八八一）
　ジャーナリスト、政治家。一八三六年に新聞『ラ・プレス』を創刊し、安い購読料と新聞広告や新聞小説の創設によって新聞の大衆化を実現した。四八年革命前にはギゾー内閣に反対し、革命中は共和派、五〇～五一年には立法国民議会の議員。五〇年代と六〇年代にはボナパルト派となる。
ジラルダン、デルフィーヌ・ド（一八〇四～一八五五）
　女性作家で、エミール・ド・ジラルダンの妻。
ジロー、シャルル＝ジョゼフ＝バルテルミ（一八〇二～一八八一）
　王政派の法曹家。一八五一年にボナパルトの下で文部大臣となる。
スルーク、フォスタン（一七八二頃～一八六七）
　もとはフランス領ハイチの黒人奴隷だったが、独立反乱に参加し、一八四七年にハイチ共和国の大統領となる。ナポレオンを模倣して、四九年にフォスタン一世の名でハイチ皇帝の位に就いたが、五九年に革命によって退位させられた。冷酷さと虚栄心の強さで悪名が高かった。
セー、ジャン＝バティスト（一七六七～一八三二）
　経済学者。アダム・スミスのフランスへの導入と普及に貢献した。『経済学概論』（一八〇三）などの著書がある。

ダイイ→アイイを見よ。

ダラシュ、アルベルト（一八〇八～一八五二）

ポーランドの民族解放運動の指導者の一人で、一八三〇～三一年の対ロシア独立蜂起に参加、蜂起敗北後イギリスに亡命し、ポーランド人亡命者組織の指導者となる。五〇年七月に各国亡命者とともにヨーロッパ民主中央委員会を結成した。

ダントン、ジョルジュ＝ジャック（一七五九～一七九四）

フランス革命期のジャコバン右派の指導者、一七九三年には国民公会議長として公安委員会への権力集中を提案した。

ティエール、ルイ＝アドルフ（一七九七～一八七七）

歴史家、政治家。七月王政下で一八三六年と四〇年の二度首相となり、四八年以後はオルレアン派の国民議会議員で秩序党の指導者。五一年のクーデタで逮捕され追放された。七一年に行政権をゆだねられ、プロイセンとの講和条約を締結し、パリ・コミューンを弾圧、第三共和制の初代大統領に選ばれた。

デフォセ、ロマン＝ジョゼフ（一七九八～一八六四）

海軍提督、一八四九～五一年には立法国民議会の議員で、海軍大臣。

デムーラン、リュシ＝サンプリス＝カミーユ＝ブノア（一七六〇～一七九四）

法曹家でジャーナリスト、フランス革命期のジャコバン右派の政治家。ダントンの友人。

デュシャテル伯、シャルル＝マリ＝タンヌギー（一八〇三～一八六七）

オルレアン派の政治家、一八三四～三六年には商務大臣、三九年と四〇～四八年には内務大臣。

デュパン、アンドレ＝マリ＝ジャン＝ジャック（一七八三～一八六五）

オルレアン派の政治家、一八三二～三九年には下院議長、四九～五一年には立法国民議会議長。五一年のクーデタの際、逮捕を免れた議員たちがルイ・ボナパルトに抗議の意志を表明しようとして国民議会議長にも参加を要請したとき、逃げ隠れた。後にボナパルト派となる。

デュプラ、パスカル（一八一五～一八八五）

共和派の政治家、ジャーナリスト。第二共和制の憲法制定議会および立法国民議会の議員。一八四八年六月反乱の際、カヴェニャックに独裁権を与える決議を提案した。ルイ・ボナパルトには強硬に反対。七一年以後、国民議会の議員。

トクヴィル、アレクシス・クレルル・ド（一八〇五～一八五九）

『アメリカのデモクラシー』（一八三五～四〇）、『アンシャン・レジームとフランス革命』（一八五六）の著者として有名な思想家、歴史家、政治家。感情的には正統王朝派に近いが、七月王政に忠誠を示した立憲君主制論者。第二共和制の憲法制定議会と立法国民議会の議員。四九年六～一〇月には外務大臣としてローマ出兵に関与した。

ドプール→オプールを見よ。

ドフロット、ポール＝ルイ＝フランソワ＝ルネ（一八一七～一八六〇）

海軍上官、民主主義者、社会主義者。ブランキの支持者で、一八四八年の五月一五日事件と六月反乱に積極的に参加。五〇～五一年には立法国民議会の議員。六〇年には南イタリアでガリバルディの革命運動に参加した。

トリニ、ピエール＝フランソワ＝エリザベト（一七九八～一八六九）

法曹家で、一八三四年のリヨン蜂起の参加者の取り調べを指揮した。五一年にボナパルトの下で内務大臣となる。

ナポレオン一世、ナポレオン・ボナパルト（一七六九〜一八二一）

フランス領コルシカの出身で、軍隊内部で頭角を現し、共和暦八年ブリュメール一八日（一七九九年一一月九日）のクーデタによって執政政府を倒し、第一統領という称号で独裁者となった。一八〇四年に皇帝に即位。一四年に廃位されるが、一五年に再度一時的に帝位に就いた。

ナポレオン三世、シャルル＝ルイ・ナポレオン・ボナパルト（一八〇八〜一八七三）

ナポレオン一世の弟であるオランダ王ルイ・ボナパルトの息子。ナポレオンの後継者を自認し、一八四八年一二月一〇日に第二共和制の大統領に選出され、五一年一二月二日のクーデタによって独裁権力を掌握、五二年一二月二日に皇帝に即位（第二帝政）。七〇年にプロイセンとの戦争に敗れて捕虜となり、退位。後イギリスに亡命。

ヌメエ、マクシミリアン＝ジョルジュ＝ジョゼフ（一七八九〜一八六六）

将軍、秩序党の支持者、一八四八〜五〇年にはパリの第一師団の歩兵指揮官。

ネー、ナポレオン＝アンリ＝エドガル（一八一二〜一八八二）

ボナパルト派の将軍で、ルイ・ボナパルトの副官。ローマ出兵に参加した。

バイイ、ジャン＝シルヴァン（一七三六〜九三）

天文学者、フランス革命期のパリ市長。自由主義的立憲派の指導者の一人で、王政廃止を要求する一七九一年七月の民衆のデモを弾圧した。

パウロ（?〜六四年頃）

もとの名はサウロ。熱心なユダヤ教徒でキリスト教徒の迫害に加わったが、復活したキリストに接したと信じてキリスト教に改宗し、使徒の一人となって異邦人の改宗を積極的に進め、地中海世界へのキリスト教の布教に大きな役割を果たした。皇帝ネロ治下のローマで殉教。

バーズ、ジャン＝ディディエ（一八〇〇～一八八一）

オルレアン派の政治家。第二共和制の憲法制定議会と立法国民議会の議員。

バラゲ・ディリエ伯、アシル（一七九五～一八七八）

ボナパルト派の将軍、第二共和制の憲法制定議会と立法国民議会の議員。一八五一年一月にはパリの第一師団長、五四年に元帥となる。

パリ伯、ルイ＝フィリップ＝アルベール・ドルレアン（一八三八～一八九四）

フランス王ルイ＝フィリップの孫（長男フェルディナンの長男）。オルレアン派の王位請求者。二月革命後は亡命してロンドン近郊のクレアモントに住み、一八七一年に帰国した。

バルザック、オノレ・ド（一七九九～一八五〇）

近代リアリズム文学最大の作家。フランス社会のあらゆる階級・職業とそれらの人間の気質を描破し、登場人物を共有する作品九〇余編を叢書として自ら『人間喜劇』と名づけた。

バロ、カミーユ＝イアサント＝オディロン（一七九一～一八七三）

七月革命を体験し、七月王政期には議会内の「王朝左派」と称されるグループの中心。オルレアン朝の支配を認めつつ、その枠内で議会制の充実を目指し、政府与党、特にギゾーに反対して選挙法改正の実施を主張した。一八四七年に改革宴会キャンペーンを組織、四八～四九年にはルイ・ボナパルト大統領の下で首相に任命されたが、五一年のクーデタで政界を引退した。

バロシュ、ピエール＝ジュール（一八〇二～一八七〇）

弁護士、政治家。七月王政下では自由主義的野党の指導者。第二共和制の憲法制定議会と立法国民議会の秩序党議員。一八四九年には控訴院検事長。五一年のクーデタの前後、ボナパルト派として数次の内閣に入閣した。

ピア、ジャン＝ピエール（一七七四～一八六二）

ボナパルト派の将軍。一二月一〇日会の組織者で主宰者。

ビュリダン、ジャン（一三〇〇頃～一三五八以後）

一四世紀のフランスのスコラ哲学者。

ビヨー、オーギュスト＝アドルフ＝マリ（一八〇五～一八六三）

オルレアン派の政治家、一八四八年の憲法制定議会の議員。五一年のクーデタ後にボナパルト派になる。五四～五八年には内務大臣。

ファルー、フレデリック＝アルフレッド＝ピエール（一八一一～一八八六）

カトリックの聖職者で正統王朝派の政治家。一八四八年には国立作業場の解散を主張し、六月反乱の徹底的弾圧を要求。ルイ・ボナパルトの大統領立候補を支持して、バロ内閣の文部大臣の職を与えられ、五〇年にファルー法と呼ばれる教育改革法案を推進した。後にルイ・ボナパルトの政策を攻撃し、五一年のクーデタで逮捕されて引退した。

フォシエ、レオン（一八〇三～一八五四）

ジャーナリストで経済学者、はじめはオルレアン派、後にボナパルト派の政治家。第二共和制の憲法制定議会と立法国民議会の議員。一八四八～四九年には第一次バロ内閣の公共土木大臣、ついで内務大臣を歴任。

ブドー、マリ＝アルフォンス（一八〇四～一八六三）

一八三六年に大隊長としてアフリカに派遣され、アルジェリア植民地制圧戦争に参加、「アフリカの英雄」と呼ばれた将軍たちの一人で、四七年に帰国。四八年には第二共和制の臨時政府によってパリ駐屯軍司令官に任命され、四月にアルプス軍団歩兵第一師団長となる。六月反乱を鎮圧、憲法制定議会および立法国民議会の議員となる。保守的な共和派で、五一年のクーデタで逮捕され、五二年にベルギーに亡命した。

ブノア・ダジ伯、ドゥニ（一七九六～一八八〇）
正統王朝派の政治家、資本家。一八四九～五一年には立法国民議会の副議長。

プブリコラ、プブリウス・ヴァレリウス（?～紀元前五〇三）
ローマ共和国の政治家。

ブラン、ジャン＝ジョセフ＝シャルル＝ルイ（一八一一～一八八二）
『労働の組織』（一八三九）の著者として有名な社会主義者。四八年には臨時政府の閣僚に加わり、労働者問題を担当したリュクサンブール委員会の議長となった。六月反乱後イギリスに亡命、ロンドンでブランキ派のフランス人亡命者組織の指導者となる。

ブランキ、ルイ＝オーギュスト（一八〇五～一八八一）
少数精鋭による武装蜂起とプロレタリア独裁を主張した革命家。一八三九年の四季協会の蜂起組織者として有名。四八年五月一五日にはパリの労働者と手工業者を率いて国民議会の議場に乱入し、議会を解散して革命政府を樹立しようとしたが、国民衛兵と正規軍に撃退されて逮捕され、ベリール、コルシカ、アフリカに幽閉された。生涯のうち通算三六年を獄中で過ごした。

フルド、アシル（一八〇〇～一八六七）
フルド・オッペンハイム銀行の経営者で、オルレアン派、後ボナパルト派の政治家。一八四八～四九年には憲法制定議会議員。四九～六〇年と六一～六七年に大蔵大臣を務めた。

ブルートゥス、マルクス・ユニウス（紀元前八五頃～四二）

古代ローマの政治家でカエサル暗殺の首謀者の一人。

プルードン、ピエール＝ジョゼフ（一八〇九〜一八六五）

『所有とは何か』（一八四〇）や『貧困の哲学』（一八四六）で有名な社会主義者。社会問題の解決を流通の組織化と相互扶助に求め、国家の廃止を主張。マルクスが生涯意識し続けたライヴァルの一人。五二年には『一二月二日のクーデタによって証明された社会革命』を書いて、ルイ・ボナパルトのカエサル主義の批判的分析を試みている。

ブレンターノ、ローレンツ・ペーター（一八一三〜一八九一）

ドイツの民主主義者で、一八四八年革命では憲法制定国民議会の左派議員、四九年にはバーデン臨時革命政府の議長。バーデン蜂起の敗北後スイスに亡命、五〇年にアメリカに亡命した。七八年以降、アメリカ合衆国議会の議員。

ブロイー、アシル＝シャルル＝レオンス＝ヴィクトル（一七八五〜一八七〇）

オルレアン派の政治家。一八三五〜三六年には首相、四九〜五一年には立法国民議会議員。

ベリエ、ピエール＝アントワーヌ（一七九〇〜一八六八）

弁護士。熱心なカトリックで、七月王政下では正統王朝派野党の指導者。第二共和制の憲法制定議会と立法国民議会の議員。

ペルシニ公、ジャン＝ジルベール＝ヴィクトル・フィアラン（一八〇八〜一八七二）

ボナパルト派の政治家、一八四九〜五一年には立法国民議会の議員、五一年のクーデタの首謀者の一人。五二〜五四年と六〇〜六三年には内務大臣。

ベルナール（生没年不詳）

大佐。六月反乱の参加者を処刑した軍事委員会の指導者。五一年のクーデタ後、反ボナパルト的共和派に対する告発の首謀者の一人となる。

ペロ、バンジャマン＝ピエール（一七九一～一八六五）
将軍、一八四八年六月反乱の鎮圧に参加。四九年にはパリの国民衛兵の大隊指揮官。

ポリニャック公、オーギュスト＝ジュール＝アルマン＝マリ（一七八〇～一八四七）
正統王朝派の政治家。教会至上主義者。一八二九～三〇年には外務大臣兼首相。

マザニエロ（トマゾ・アニエロ）（一六二〇～一六四七）
イタリアの漁師。一六四七年にスペインの支配に対するナポリの民衆蜂起を指導した。

マニャン、ベルナール＝ピエール（一七九一～一八六五）
ボナパルト派の将軍で、一八三〇年代にアルジェリア植民地制圧戦争に参加。四五年のリルとルベでの労働者蜂起、四八年のパリ六月反乱、四九年のリヨン蜂起の鎮圧に参加。四九～五一年には立法国民議会の議員。五一年にパリの第一師団長に任命され、クーデタの首謀者の一人となる。五二年に元帥、元老院議員となる。

マラスト、アルマン（一八〇一～一八五二）
ジャーナリスト、政治家。人権協会の指導者で、穏健共和派の『ル・ナシオナル（国民）』紙の編集長。一八四八年には臨時政府閣僚で、パリ市長も兼任。四八～四九年には憲法制定国民議会議長。

マルヴィル、レオン・ド（一八〇三～一八七九）
オルレアン派の政治家、第二共和制の憲法制定議会と立法国民議会の議員。四八年一二月後半には内務大臣。七一年に国民議会の議員。

マンク、ジョージ、アルブマール公（一六〇八～一六六九）

イギリス市民革命期の将軍、政治家。最初は国王軍の、ついでクロムウェル軍の将軍となったが、クロムウェル没後は王政復古のために積極的に働き、一六六〇年のチャールズ二世の即位を実現した。

モガン、フランソワ（一七八五〜一八五四）

法曹家、政治家。第二共和制の憲法制定議会および立法国民議会の議員。

モーパ、シャルルマーニュ＝エミール・ド（一八一八〜一八八八）

弁護士、ボナパルト派。一八五一年に警視総監に任命され、クーデタの首謀者の一人となる。五二〜五三年には警察大臣。

モルニ公、シャルル＝オーギュスト＝ルイ＝ジョゼフ（一八一一〜一八六五）

ルイ・ボナパルトの異父弟。一八四九〜五一年には立法国民議会の議員、五一年のクーデタの首謀者の一人。クーデタ後内務大臣を務めた。五四〜五六年と五七〜六五年には立法院議長。

モレ、ルイ＝マチウ（一七八一〜一八五五）

オルレアン派の政治家。一八三六〜三九年にはティエールの後継の首相を務める。第二共和制の憲法制定議会と立法国民議会の議員。秩序党の指導者。五一年のクーデタに反対したが、後にルイ・ボナパルトに加担した。

モンタランベール伯、シャルル＝フォルブ・ド・ティロン（一八一〇〜一八七〇）

ラムネーの影響を受けた自由派カトリックの代表的存在で、オルレアン派の政治家、第二共和制の憲法制定議会と立法国民議会の議員。六月反乱後は民主主義に不信を抱いてルイ・ボナパルトの秩序ある政治を支持したが、五一年のクーデタ後は野党側にまわった。

ユゴー、ヴィクトル＝マリ（一八〇二〜一八八五）

小説『ノートルダム・ド・パリ』（一八三一）、『レ・ミゼラブル』（一八六二）、『九三年』（一八七四）などで有名な作家。復古王政下でルイ一八世から年金を受けていたが、七月革命後、自由主義的ヒューマニズムの立場に立つようになる。一八四〇年にアカデミー・フランセーズ会員、四五年には上院議員。二月革命を支持し、四八〜五一年には憲法制定議会および立法国民議会の議員。五一年にクーデタに反対してベルギーに亡命。五二年に『小ナポレオン』を書いてルイ・ボナパルトを激しく批判。第二帝政崩壊後に帰国し、共和制擁護の英雄、国民的詩人として称えられた。七一年に国民議会の議員、七六年に上院議員となる。

ヨン（生没年不詳）

パリ警視庁の警部。一八五〇年には立法国民議会の警備責任者。

ライット、ジャン＝エルネスト・デュコス（一七八九〜一八七八）

ボナパルト派の将軍で立法国民議会議員。一八四九〜五一年には外務大臣兼陸軍大臣。

ラトー、ジャン＝ピエール・ラモット（一八〇〇〜一八八七）

弁護士で、第二共和制の憲法制定議会および立法議会の議員。ボナパルト派。

ラマルティーヌ、アルフォンス＝マリ＝ルイ・ド（一七九〇〜一八六九）

詩人、歴史家、政治家。一八四〇年代には穏健共和派の指導者の一人、四八年二月革命後の外務大臣で臨時政府の実質上の首班、憲法制定議会の議員で執行委員会の委員。

ラモリシエール、クリストフ＝レオン＝ルイ・ジュショ・ド（一八〇六〜一八六五）

アルジェリア植民地制圧戦争に参加し「アフリカの英雄」と呼ばれた将軍たちの一人、一八四八年の六月反乱の鎮圧に参加。カヴェニャック内閣の陸軍大臣、憲法制定議会および立法国民議会の議員。穏健共和派。ルイ・ボナパルトに反対し、五一年のクーデタ後は国外追放となるが、五七年に帰国。

ラロシュジャクラン侯、アンリ＝オーギュスト＝ジョルジュ（一八〇五〜一八六七）

正統王朝派の指導者の一人。第二共和制の憲法制定議会と立法国民議会の議員。五二年以降は元老院議員。

ルイ一四世（一六三八〜一七一五）

ブルボン王朝の絶対王政最盛期の国王。在位一六四三〜一七一五年。いわゆる太陽王。「朕は国家なり」という豪語で有名。

ルイ一五世（一七一〇〜一七七四）

五歳で即位したが、一七二三年まで摂政オルレアン公フィリップが豪奢な宮廷を営み、その後も側室ポンパドゥール夫人やデュ・バリー夫人の影響力が強かった。

ルイ一八世（一七五五〜一八二四）

ナポレオン失脚後の復活ブルボン王朝の国王。在位一八一四〜一五、一五〜二四年。

ルイ＝フィリップ（一七七三〜一八五〇）

ブルボン家の傍系にあたるオルレアン公。七月革命によってフランス王となる。在位一八三〇〜四八年。二月革命によって王座を追われ、イギリスに亡命、ロンドン近郊のクレアモントで没した。

ルイ・ボナパルト→ナポレオン三世を見よ。

ルエ、ウジェーヌ（一八一四〜一八八四）

ボナパルト派の政治家、第二共和制の憲法制定議会および立法国民議会の議員。一八四九〜五二年には法務大臣。第二帝政下で商務大臣など多くの官職を歴任した。

ルーゲ、アーノルト（一八〇二〜一八八〇）

ヘーゲル左派の民主主義者で、ヘーゲル左派の機関誌『ハレ年誌』の編集者として知られる。一八四四年には『ドイツ・フランス年誌』をマルクスと共同で編集した。四八年革命では憲法制定国民議会の左派議員。革命敗北後イギリスに亡命し、ドイツ人亡命者の指導者の一人として、五〇年七月に各国亡命者とともにヨーロッパ民主中央委員会を結成した。

ルター、マルティン（一四八三～一五四六）

ドイツの神学者、宗教改革指導者。カトリックの教会制度と聖職者の腐敗、特に教皇による免罪符の販売を強く批判し、すべての人が聖書を直接検討する権利を主張して、聖書を「俗語」であるドイツ語に翻訳した。『キリスト者の自由』（一五二〇）などの著書がある。

ルドリュ＝ロラン、アレクサンドル＝オーギュスト（一八〇七～一八七四）

『ラ・レフォルム（改革）』紙編集者、七月王政下の急進共和派の指導者。二月革命では臨時政府の内務大臣。一八四八～四九年には憲法制定議会と立法国民議会の議員、モンターニュ派（国民議会内の民主主義者と社会主義者のブロック）の指導者。四八年一二月一〇日の大統領選挙に立候補したが落選、四九年六月一三日事件でロンドンに亡命し、五〇年七月に各国亡命者とともにヨーロッパ民主中央委員会を結成した。六九年に帰国。

ル・フロー、アドルフ＝エマニュエル＝シャルル（一八〇四～一八八七）

王政派の政治家。第二共和制の憲法制定議会と立法国民議会の議員。五一年一一月六日に軍隊の命令権を明確に議会に帰属させようとする動議を提出した。五一年のクーデタ後イギリスに亡命、五九年に帰国し、七一年に国民議会の議員となる。

レオン伯爵夫人（生没年不詳）

一八三一～四二年にパリ駐在ベルギー大使であったレオン伯爵の妻。オルレアン朝に同情的だった。

レニョー・ド・サン＝ジャン・ダンジェリ伯、オーギュスト＝ミシュル＝エティエンヌ（一七九四〜一八七〇）

ボナパルト派の将軍、第二共和制の憲法制定議会と立法国民議会の議員。一八五一年一月には陸軍大臣。クリミア戦争に参加した。

レミュザ伯、シャルル＝フランソワ＝マリ（一七九七〜一八七五）

復古王政期にはクーザンやギゾーの友人として『グローブ』などに寄稿した作家。七月王政下では自由派の政治家で、一八四〇年には内務大臣。第二共和制の憲法制定議会と立法国民議会のオルレアン派議員。五一年のクーデタ後追放されたが、五九年に帰国し、七一〜七三年には外務大臣を務めた。

ロック、ジョン（一六三二〜一七〇四）

『統治二論』（一六八九）によって名誉革命を正当化したイギリスの政治思想家、経験論哲学の最初の代表者。『寛容についての書簡』（一六八九）で宗教的狂信と独断的非寛容を批判し、『人間知性論』（一六八九）で生得観念を否定し、『キリスト教の合理性』（一六九五）では理性と信仰の両立を試みた。

ロベスピエール、マクシミリアン＝マリ＝イシドール・ド（一七五八〜一七九四）

フランス革命期のジャコバン派の指導者で、一七九三〜九四年には国民公会の公安委員会＝革命独裁政権の首班。

ロワイエ＝コラール、ピエール＝ポール（一七六三〜一八四五）

大革命を経験した政治家で、一八一一〜一四年にはソルボンヌ大学の哲学史教授。立憲君主制の支持者。ギゾーを政界に登用したが、七月王政下での政治的役割は小さい。

表象と反復／柄谷行人

1

一九八〇年代の終わりに「共産主義体制」が崩壊し、フランシス・フクヤマの「歴史の終焉」論に代表されるように、民主主義（議会制）と自由主義的市場経済の世界化による楽天的な展望が語られたとき、マルクスの『資本論』や『ルイ・ボナパルトのブリュメール18日』といった著作は最もその意味をなくしてしまったかのように見えた。しかし、これらの著作が鈍い、だが強い光彩をはなちはじめたのはむしろそのときからである。以来、われわれが目撃しているのは、世界的な経済の構造的不況と代表制の破綻である。そのことは「左翼」に対して特に希望を与えるものではない。そもそも『資本論』や『ブリュメール18日』という著作は少しも安易な希望を与えるものではない。それらが与えるのはわれわれを強いている現実的条件への透徹した「批判」であり、しかし、それのみが「われわれは何を希望することを許されるか」(カント)を開示するのである。

これらの著作が扱っているのは、一種の反復強迫の問題である。『資本論』は、たえまない差異化によって自己増殖しなければならない資本の反復強迫、そしてそれが不可避的にもたらす恐慌や景気循環の反復強迫を原理的に解明しようとしている。『ブリュメール18日』は、近代の政治形態が解決できず、さらにそれを解決しようとすることが不可避的に招き寄せてしまうそういった反復強迫をヴィヴィッドにとらえている。われわれは今なおそのような反復強迫のなかにある。

たとえば、世界的な経済危機や議会制の破綻の到来にかんして、一九九〇年代は一九三〇年代に似たものになるだろうという予感が多くの者によって語られた。この考えは「左翼」のあいも変わらぬ危機待望論でしかないように見える。しかし、旧来の左翼が失墜してしまった現在において、このことは真剣に検討するに値する問題であると私は考える。こうした反復性は、世界資本主義における、「コンドラチェフの波」と呼ばれる約六〇年の景気循環を示している。[*1] 経済的な観点から見ると、一九三〇年代には「後期資本主義」への移行があり、さらにその六〇年前、つまり一八七〇年代には、自由主義から帝国主義への移行があった。その意味では、一九九〇年代には、グローバルな市場経済への移行が生じるだろう。しかし、私はそれらの時代区分periodizationに関心をもっていない。関心があるのは、それらの時代的差異を超えて貫徹される反復強迫である。

一九九〇年代が一九三〇年代に類似するだろうというとき、それはけっして同じ出来事が繰り返されるということを意味しない。反復がありうるのは出来事そのものではなく、その形式においてである。出来事そのものは反復を避けることができる。なるほど、ファシズムやホロコーストの記憶が消されるならば、それが再現される危険はある。しかし、それらが十分に記憶されていたら、危険を避けることができるだろうか。反復されるのは出来事そのものではなく或る構造であり、それは逆に出来事の記憶の消去あるいは捏造をもたらすのである。

われわれが見るべき反復は反復強迫である。フロイトがいったように、それは、けっして想起されないような「抑圧されたもの」の回帰である。想起されるかわりに、それは現在において反復される。われわれが想起できるのはたんに出来事でしかない。それゆえ、一八七〇年代、一九三〇年代、一九九〇年代を出来事において比較することは、そこに存する「抑圧されたものの回帰」を見失わせるだろう。それを見るために、われわれは『資本論』と、とりわけ『ブリュメール18日』を必要とする。そもそも、マルクスはこの書物において冒頭から歴史における反復性の問題を扱っているからである。

この場合、「抑圧されたもの」とは何か。それは冒頭に述べた事柄、つまり議会制と資本主義経済における representation の問題にかかわっている。たしかにそれらのシステムは抑圧的である。しかし、反復強迫を形成するのはそのような抑圧ではない。けっして表象されないような「抑圧されたもの」とは、そのような表象のシステムそのものを可能にしている「穴」である。ところが、この穴はべつに不可視ではない、それどころか、至る所に存在している。ところが、まさにそのゆえに、それが「穴」であることは隠されている。

たとえば、資本制経済においては、貨幣がそのような「穴」であるといってよい。『資本論』のマルクスは、貨幣が、その担い手としての人間の意志を超えて、無窮動の自己増殖運動を強いられている存在、というよりも「存在の無」(サルトル)であるということを明らかにした。古典経済学は貨幣を崇拝する重金主義者(重商主義者)の倒錯性を嘲笑った。だが、信用システムの崩壊した恐慌においてひとが殺到するのは、この貨幣である。古典経済学者あるいは新古典経済学者にとって、貨幣はたんに価値を表示する尺度であり、支払い手段であり、要するに目に見える「存在者」である。だが、まさにそのために、貨幣という「存在の無」、いいかえると、物が商品形態（価値形態）においてあることを可能にしている当のものが隠されている。ひとがそれを感受するのは、恐慌において――実際にそれが劇的にあらわれるかいなかにかかわらず――である。ただし、そのときひとは貨幣に拝跪する。それはたんなる物ではなく、崇高なる物神である。逆にいうと、貨幣は表象しえないものとしてあり、ひとがそれを経験するのは反復強迫としての恐慌においてである。

『ブリュメール18日』において、表象＝代表システムがもつ「穴」は、それが殺し追放した「王」の座である。われわれはその座に、「皇帝」としてのボナパルトが蘇ってくるのを見いだす。王や皇帝や大統領は貨幣と同様に実在している。しかし、重要なのはそれらが代表制を可能にする「存在の無」であるということだ。したがって、「王」や「皇帝」が誰であるか、あるいはそれらが実際に王や皇帝と呼ばれているかどうかさえ問題ではない。問題なのは、近代において人類が獲得した議会制（代表制）は、現実の可視的な王や大統領や皇帝といった存在者とは別に、けっして埋めようのない穴をもっており、それが「抑圧されたものの回帰」として反復されるということなのである。

私が『ブリュメール18日』をとりあげるのは、そこに一八七〇年代、一九三〇年代、そしておそらく九〇年代において反復されつつあるものが、症候として解読されているからである。この出来事にはそれらを先取りするものがふくまれている。だが、それは歴史的にこの出来事が重要だったからではなく、むしろマルクスの「分析」が透徹していたからである。いうまでもなく、『ブリュメール18日』は、フランスの政治状況をほぼ同時代的に分析したジャーナリスティックな作品である。それは現在の歴史学から見て不備であるに決まっている。しかし、われわれはマルクスが『ルイ・ボナパルトのブリュメール18日』で理論的に分析したボナパルティズムと、歴史上のルイ・ボナパルトやフランス第二帝政とを区別しなければならない。このことは、イギリス経済史と『資本論』の関係に似ている。『資本論』にはたしかにイギリス経済史が材料として使われているが、それを離れて『資本論』は読みうるし読むべきである。

　マルクスが『資本論』において解明しようとしたのは、貨幣によって組織されている幻想的なシステムである。だが、それは経済的下部構造というべきものではない。逆に、それは経済的下部構造を組織し且つ隠蔽するような上部構造、いいかえれば、表象のシステムである。だからこそ、それはつねに破綻する危機を内在させているのだ。一方、『ブリュメール18日』は、もう一つの表象のシステム、すなわち代表制が不可避的にもつ危機をとりあげている。『資本論』が経済を表象の問題としてとらえたとすれば、『ブリュメール18日』は政治をそのようにとらえている。『資本論』が近代経済学の「批判」であるならば、同様に、『ブリュメール18日』は近代政治学の「批判」である。のみならず、ボナパルティズムにおいては、以上の二つが連関している。したがって、『ブリュメール18日』によってとらえられた問題は、たんに過去の出来事ではなく、一九三〇年代のファシズムにおいても、九〇年代以後の情勢においても貫徹するものをはらんでいる。

『ブリュメール18日』から出発する利点は幾つかある。たとえば、われわれは一九三〇年代のファシズムについて考えるとき、それをドイツやイタリアという特定の国の特定の出来事として見るべきではない。それはかえって、一九三〇年代にグローバルに生じた問題を見失わせるだろう。さらに、それは一九九〇年代における「反復」の問題を考察する契機にはなりえない。すでにいったように、出来事そのものは反復されないからである。そうであれば、ファシズムは過去の問題にすぎないということになってしまうだろう。しかし、議会制と資本制経済がかかえている問題が消えない以上、かつて存在した問題は今後も残存するのである。

『ブリュメール18日』は、たとえば日本の一九三〇年代のファシズムをとらえるためにも不可欠なテクストである。概してファシズム論はドイツあるいはイタリアの経験をモデルにしており、それらは日本の場合には必ずしもうまく妥当しない。その結果、日本にはファシズムはなかったなどという愚劣な主張さえ、かなりの説得力をもつほどである。しかし、私は日本のファシズムを特異なものとして見ることに反対である。逆に、一九三〇年代のファシズムを普遍的に考察するためには、むしろ日本の例をも説明できるものでなければならないと考える。そして、それを可能にするのが『ブリュメール18日』なのである。ただし、私は、この稿においてはたんにそれを示唆するにとどめた。[*2]

『ブリュメール18日』は、一八七〇年代以後の帝国主義、一九三〇年代のファシズムのみならず、一九九〇年代における新たな情勢にかんしても本質的な洞察を可能にするヒントに充ちている。たとえば、『ブリュメール18日』におけるボナパルトの権力掌握には、まず一八四八年における「左翼」の崩壊が先行している。このことは、それぞれの背景が違っているにしても、一八七〇年、一九三〇年、そして九〇年においても共通している。単純にいえば、私は、ファシズムを基本的にボナパルティズムの一形態であると考えている。それを、イタリアで獄中にいたグラムシがそう呼んだように、シーザー主義と呼んでもいい。[*3] しかし、『ブリュメール18日』には、のちにエンゲルスによって定式化されたボナパルティズムの一般概念よりももっと興味深くて重要な考察がある。本書は、後期資本制社会における

representation の危機がどのように想像的に解決されたかを、そしてその過程を生き生きと暴き出している。それは、たんにヨーロッパにだけあてはまるのではない。それは日本のファシズム、さらに一九九〇年代のアジアにかんしても考えるためのヒントを提供する。

2

マルクスは、『ブリュメール18日』において representation の問題を少なくとも四つの点において考察している。第一の点は、議会制（代表制）の問題である。一八四八年の二月革命は王制を廃棄した共和制のなかではじめて普通選挙をもたらした。実はこのような議会こそが、これらの出来事をもたらしたのである。『ブリュメール18日』の出来事は、代表制を通さねば何事も生じないような状況のもとで生じた。マルクスは、そうした表象の背後にある実際の社会的階級の存在を指摘している。そして、のちに、エンゲルスは、こうした政治的・宗教的・哲学的その他イデオロギー的な表象の背後に経済的社会的な階級構造と闘争があること、あるいはそのような「歴史の法則」を発見したことを、マルクスの功績とみなしている。

しかし、マルクスがこの出来事に見いだしたのは、むしろその逆に、そのような経済的社会的な階級構造から一見して独立して、あるいはそれに反してさえ進行する事態であり、彼が解明しようとしたのはその「働き」である。それはいうまでもなく、代表制という制度にある。普通選挙に基づく議会では、のちにケルゼンがいったように、身分代表制議会と違って、「代表」はたんに擬制でしかない。[*4] つまり、そこでは、「代表するもの」と「代表されるもの」には必然的な関係はありえない。マルクスが強調するのは、政党や彼らの言説が、実際の諸階級から独立しているということである。というより、後者はいわばケネス・バークがいう「階級無意識」であり、それらが「階級」として意識されるのは前者の言説の場においてのみだということだ。そのことは分割地農民にかんするマルクスのコメントからも明らかである。まず、彼は「代表するもの」と「代表されるもの」との関係の恣意性をつぎのように説明している。

同様に、民主派の議員たちはみな商店主であるか、あるいは商店主を熱愛している、と思い描いてもいけない。彼らは、その教養と知的状態からすれば、商店主とは雲泥の差がありうる。彼らを小市民の代表にした事情とは、小市民が実生活において超えない限界を、彼らが頭の中で超えない、ということであり、だから物質的利害と社会的状態が小市民を［実践的に］駆り立てて向かわせるのと同じ課題と解決に、民主派の議員たちが理論的に駆り立てられる、ということである。これがそもそも、一つの階級の政治的・文筆的代表者と彼らが代表する階級との関係というものである。（本書、六七〜六八頁）

議会の党がその二大分派に解体しただけでなく、この分派のそれぞれがそれ自身の内部で解体しただけでなく、議会内の秩序党が議会外の秩序党と不仲になった。ブルジョアジーの代弁者と律法学者、彼らの演壇と彼らの新聞、つまりブルジョアジーのイデオローグとブルジョアジーそのものとが、代表する者と代表される者とが、互いに疎遠になり、もはや話が合わなくなった。（本書、一四四頁）

このように「代表するもの」と「代表されるもの」の関係が、本来的に恣意的であるがゆえに、産業ブルジョアジーもその他の階級ももともとの「代表するもの」を見すてて、ボナパルトを選ぶということがありえたのである。一八四八年二月二四日に、諸党派は「代表するもの」、つまり言説の場における差異としてあらわれる。ところが、三年後に、ボナパルトがすべてを代表するものとして権力を握った。マルクスはこれを、ボナパルト自身の観念、政略、人格に帰すことを拒絶する。どのような見方をしても、一八四八年二月二四日に、ナポレオンの甥であるということのほか何者でもなかったボナパルトが権力を掌握する秘密を解くことはできない。

マルクスは『資本論』においていっている、貨幣が一商品であることを見ることはたやすいが、問題は、一商品がなぜいかにして貨幣となるかを明らかにすることだ、と。彼がボナパルトについていうのも同じことだ。ボナパルトに「辛辣で才気に満ちた悪口」を浴びせかけたヴィクトル・ユゴーに対して、マルクスは、「私は、中庸でグロテスクな一人物が主人公の役を演じることを可能にする事情と境遇を、フランスの階級闘争がいかにして創出したか、ということを証明する」と書いている（「第二版への序文」本書、一九八～一九九頁）。たしかに、ユゴーのような批判を幾度繰り返しても、それは貨幣がただの紙きれだというのと同じく、何も明らかにされない。とはいえ、マルクスがいう謎は、たんに「階級闘争」をいうだけでも明らかにはならない。代表制あるいは言説の機構が自立してあり、「階級」はそのような機構を通してしか意識化されないということ、さらに、このシステムには埋めようのない穴があるということ、そこに、ボナパルトを皇帝たらしめた謎がひそんでいるのである。

エンゲルスは、「歴史の運動の大法則をはじめて発見したのは、まさにマルクスであった」という。《この法則によれば、あらゆる歴史上の闘争は、たとえ政治的であれ、宗教上哲学上であれ、あるいはその他のイデオロギー上であれ、いずれの領域でおころうとも、実際は社会的諸階級の闘争の多少ともはっきりしたあらわれにすぎない》（『ブリュメール18日』第三版序文、一八八五年）。しかし、そのような認識なら、廣松渉が示したように、エンゲルス自身がマルクスに先駆けてもっていたはずである。[*5] 重要なのは、社会的諸階級が「階級」としてあらわれるのは言説（代表するもの）によってのみだということ、そしてその場合、つねに代表するものと代表されるものの関係に恣意性あるいは浮動性がつきまとうことである。そして、このことは普通選挙による代表制と切り離せない。エンゲルスのような認識はのちのマルクス主義者においてもっと愚劣なかたちをとった。それは、代表制が資本制経済と同様に必ず人間の「媒介性」を伴うこと、そしてそのことが封建制の直接的な支配から見て「進歩」であること、またこれをたんに否定することは「退行」、つまり封建制よりも悪しき独裁体制に帰結するほかないということを見ていない。

すべてがこのような形態の representation、つまり代表制を通してしかあらわれてこないということは、ファシズムあるいは今後の政治過程を見る上で、決定的に重要である。たとえば、ヒトラー政権はワイマール体制の内部から、その理想的な代表制のなかから出現した。さらに、しばしば無視されていることだが、日本の天皇制ファシズムも一九二五年に法制化された普通選挙ののちにはじめてあらわれたのである。一九三〇年代のドイツにおいて、マルクス主義者は、ヒトラーをたんにブルジョア経済の危機を救済する代理人として見、それを暴露すればよいと考えていた。ナチスと同様に、彼ら自身もワイマール議会を欺瞞的なものとして見ていた。しかし、彼らの予想に反して、大衆がナチズムに「代表」されていったことを、たんに暴力や策略だけから説明することはできない。そもそも共産党もまた「代表するもの」の一つであり、「代表されるもの」と必然的なつながりをもっていないのである。

ウィルヘルム・ライヒは、当時のマルクス主義者を批判し、ドイツ人がナチズムに引き寄せられた原因を精神分析によって探ろうとした。彼がそこに見いだしたのは、「権威主義的家族イデオロギー」、そしてそれによる性的抑圧である（『ファシズムの大衆心理』平田武靖訳、せりか書房、一九七〇年）。しかし、『ブリュメール18日』にもどって考えるならば、われわれは特にライヒのような精神分析を必要としない。なぜなら、ここでマルクスは、ほとんどフロイトの『夢判断』を先取りしているからである。彼は短期間に起こった「夢」のような事態を分析している。その場合、彼が強調するのは、「夢の思想」、すなわち実際の階級的利害関係ではなく、「夢の仕事」、すなわち、それら階級的無意識がいかにして圧縮・転移されていくかである。それは、すべてが代表制という「象徴界」（ラカン）のなかに属することによって生じるということにほかならない。それはライヒがフロイトにしたがっていうような性的抑圧とは別にある問題である。むろんフロイトのテクストはそれとは違った読解を可能にする。ライヒは通俗的なマルクス主義者に対して通俗的なフロイト主義を対置したにすぎない。

ところで、アルチュセールは、旧来の経済的決定論に反対し、上部構造の相対的自立性を、ラカン派の概念を応用して「重層的決定」overdetermination によって説明しようとした。しかし、これは「史的唯物論」の一般的な再解釈にすぎず、マルクスがいうような「反復」をとらえることはできない。『ブリュメール18日』では、普通選挙による議会が「象徴界」としてある。そこに参入することはいわば「去勢」を意味するがゆえに、マルクス主義者やアナーキストは議会を「排除」するだろう。しかし、議会は、近代において、資本制経済と同様に、不可避的なシステムなのであり、それをたんに否定することはできない。むしろわれわれが見るべきなのは、この「象徴界」から文字どおり排除されている階級である。マルクスは、自分たちの代表者も自らの階級的利害を普遍化して擁護する言説ももたず、それゆえ他の誰かに代表されなければならない階級の存在を指摘している。それは分割地農民である。

数百万の家族が、彼らの生活様式、利害、教養を他の階級の生活様式等々から分離し、それらに敵対的に対置させる経済的生存諸条件の下で生活しているかぎりでは、彼ら［分割地農民］は一つの階級をなす。分割地農民の間には局地的な関連しか存在せず、彼らの利害の同一性が、彼らの間に連帯も、国民的結合も、政治的組織も生み出さないかぎりでは、彼らは階級を形成しない。だから彼らは、自分たちの階級利害を、議会を通してであれ、国民公会を通してであれ、自分自身の名前で主張することができない。彼らは自らを代表することができず、代表されなければならない。彼らの代表者は、同時に彼らの主人として、彼らを支配する権威として現れなければならず、彼らを他の諸階級から保護し、彼らに上から雨と日の光を送り届ける、無制限の統治権力として現れなければならない。

（本書、一七八頁）

分割地農民は、直接には党派を形成しないにもかかわらず、この政治過程を「夢」のようにする役割を果たしている。意識化するとは言語化することだとすれば、分割地農民の「欲望」はけっして言語化されないがゆえに、「意識」に、つまり政治的言説の場にあらわれるとき、倒錯したかたちであらわれるほかない。ボナパルトは、彼らにとって、「代表するもの」ではなく、主人なのである。

われわれは、これを一九三〇年代の日本においても見いだすことができる。農業危機のなかで飢餓状態に追い込まれた多数の貧農・小作農は、階級ではあるが「階級をなしていなかった」。彼らは自分の階級を自分の名において主張する能力をもたず、クーデタによる天皇親政において農地改革を実現することを唱える国家社会主義や、帝国主義的領土拡張に望みを託した。それは天皇を自らの代表者と見なすことである。[*6] だが、それは、天皇を「主人」とすること、あるいはむしろ「神」として見ることに帰結する。それは人類学者がいうように、古代に遡る神話的なものの力によるのではなく、近代の代表制そのものの欠落から生じるのである。要するに、天皇制ファシズムを見るためには、普通選挙による議会（代表制）が先行していたことを忘れてはならない。

3

つぎに、われわれは代表制がそれ自体において二重の意味をもつことを指摘しなければならない。マルクスは、このrepresentationの形態を二つのタイプに区別している。一つは、議会、つまり立法権力である。もう一方は大統領、つまり行政権力である。後者は直接国民の投票によって選ばれる。実際、ボナパルトは、共和派が選挙民を制限しようとしたのに対して普通選挙を唱えて、「国民の代表者」として人気を博し、また、のちにヒトラーがそうしたように幾度か国民投票に訴えたのである。

だが、議会と大統領との差異は、たんに選挙形態の差異ではない。カール・シュミットがいうように、議会制は、討論を通じての支配という意味において自由主義的であり、大統領は一般意志（ルソー）を代表するという意味において民主主義的である。シュミットによれば、独裁形態は自由主義に背反するが民主主義に背反するものではない。《ボルシェヴィズムとファシズムとは、他のすべての独裁制と同様に、反自由主義的であるが、しかし、必ずしも反民主主義的ではない》。《人民の意志は半世紀以来きわめて綿密に作り上げられた統計的な装置によってよりも、喝采によって、すなわち反論の余地をゆるさない自明なものによるほうが、いっそうよく民主主義的に表現されうるのである》（『現代議会主義の精神史的地位』稲葉素之訳、みすず書房）。

この問題は、すでにルソーにおいて明確に出現していた。彼はイギリスにおける議会（代表制）を嘲笑的に批判していた。《主権は譲りわたされない、これと同じ理由によって、主権は代表されえない。主権は本質上、一般意志のなかに存する。しかも、一般意志は決して代表されるものではない》。《人民は代表者をもつやいなや、もはや自由ではなくなる。もはや人民はいなくなる》（『社会契約論』桑原武夫・前川貞次郎訳、岩波文庫、一三五～六頁）。ルソーはギリシャの直接民主主義を範とし代表制を否定した。しかし、それは「一般意志」を議会とは違った行政権力（官僚）に見いだすヘーゲルの考えか、または、国民投票の「直接性」によって議会の代表制を否定することに帰結するだろう。いうまでもなく、国民投票の「直接性」は代表制の一形態でしかありえない。

この問題はたんに政治的な代表制の問題にとどまらない。議会と大統領の間の representation の形態としての差異は、認識論における representation の問題に対応している。一方で、真理をア・プリオリな明証性から演繹できるというデカルト的な考え方があり、他方で、真理は他者の合意による、ある暫定的な仮説でしかないというアングロサクソン的な考え方がある。政治的に見れば、前者は、たとえば「一般意志」は対立する人々や諸階級を超えた存在によって代表されるという考えになり、後者は、それを討論を通じた合意によって決定して行こうとする考え方になる。むろん、どちらも、ハイデッガーがいうように、真理を表象 representation において見いだす近代的思考である。

ハイデッガーはそれらを根源的に批判した。政治的に見れば、彼は大統領と議会のいずれをも否定したのである。彼によれば、真理は詩的思想家や指導者（フューラー）を通して、「存在」によって直接に開示さるべきものであった。たとえば、ハイデッガーは、ヒトラーがやった国民投票において、それが代表制ではなくまたあってはならないと主張している。[*7] しかし、それもまた representation の別の一形態でしかないこと、すなわち、矛盾し合う分裂した諸階級の想像上の統合であることはいうまでもない。ハイデッガーが主張したのは、総統が国民投票によって選ばれるような「代表者」ではなく、人々がそれに拝跪すべき「皇帝」でなければならないということである。

われわれは、ボナパルトの勝利のなかに、最初にあらわれた代表制の危機とその想像的止揚を見ることができる。この意味で、『ブリュメール18日』は、その後において出現する政治的な危機の本質的な要素を先取りしている。しかし、このrepresentationの危機は、まさにrepresentationのシステムにおいてしか何事も生じえない事態のなかでのみ発生することに注意しなければならない。そこから出ようとすること、あるいはそうした媒介性を超えて直接性を目指すこと自体が「表象」なのである。もちろん、あとで述べるように、この危機は、民主的代表制の開始とともにはじまっている。それは「王殺し」によって――それが象徴的なものであろうと――出現するのだが、そこに一つの埋めようのない穴があいており、それを埋めようとすることが、近代政治における「反復強迫」をもたらすのだ。

4

先に私は、代表制あるいは言説から「排除」された階級、というより「階級をなしていない」階級について述べた。マルクスはそれを分割地農民に見いだしている。しかし、『ブリュメール18日』には、「階級をなしていない」階級がマルクス自身によって幾度も言及されている。たとえば、それはボナパルトが引き連れる「一二月一〇日会」に象徴される連中である。彼らは分割地農民とは対照的に、実質的な階級からは脱落し、いわば内容のない「言説」だけで生きているような者たちである。マルクスは彼らをルンペン・プロレタリアートと呼んで嘲っているが、彼らはけっして無能ではなかった。ボナパルト陣営は印刷物と新聞を最大に活用したが、それをやったのは彼らである。

ボナパルトはあらゆる者を代表しなければならない。しかし、それは現実には不可能である。《ボナパルトは、すべての階級の家父長的な恩人として現れたがっている。しかし彼は、他の階級から取ってこなければ、どの階級にも与えることができない》（本書、一九二頁）。《［ボナパルトは］自分の状況の矛盾する諸要求によって駆り立てられ、同時にまた手品師のように、たえざる不意打ちによって公衆の目をナポレオンの代役としての自分に向けさせる必要に、したがって毎日ごく小規模なクーデタを行う必要に迫られて……》（本書、一九四頁）。であれば、彼に可能なのはイメージを与えることだけである。ボナパルトはメディアによって形成されるイメージが現実を形成することを意識的に実践した最初の政治家だといってもよい。そもそも、彼はその存在そのものにおいて、ナポレオンの甥という表象以外に何ももたなかった。表象の徹底的活用は、彼が皇帝になってやった万国博覧会にかんしてもあてはまる。それはいわば日常においてなされる「小規模なクーデタ」である。しかし、実は、ボナパルトの実際のクーデタさえも、軍事的であるよりも、そのような〃イベント〃としてなされたといってよい。

マキャヴェリは『君主論』において君主は善人である必要はない、しかし善人に見えなければならないと述べた。彼は近代政治がすでに表象にもとづくことを見抜いていたのである。それはいいかえれば、記号が意味するものは、指示対象と別であるという認識である。マキャヴェリが、実際はもっと悪質な〝マキャヴェリアン〟である政治家からつねに非難されてきたのは、この記号の指示対象からの自立性が、実はそれを活用しているリアリストの作家から否定されてきたのと同じことである。ボナパルトにかんして、ボードレールは、もしこのように印刷物と新聞を用いれば、誰でも大統領になれるだろうといっている。しかし、ボードレールとともにはじまる詩のサンボリスムは、このような表象上の転換においてボナパルティズムと並行しているのである。*8

おそらく『ブリュメール18日』には、一九世紀的というよりも、一九三〇年代のナチズムにおいて、あるいは一九八〇年代のポストモダニズムにおいて顕著に見られるような傾向が露出している。それは「大衆社会」の初期的なあらわれであるといってもよい。一八四八年の革命に参加した者も、マルクスがいうような「プロレタリアート」というよりも、ベンヤミンがいうような都市の群衆（大衆）であった。彼らも「階級をなしていない」階級である。

というより、すでに一八四八年のフランスにおいて、「代表されるもの」の側に、古典的な階級分節が成立しなかったというべきである。

マルクスがそうした事柄を考察しなかったことは確かである。彼は、指示対象から遊離した記号、実体的階級と結びつかない政治的言説を批判している、というより、嘲笑している。しかし、この本が一九世紀的リアリズムで書かれていないことに注意すべきである。ここでのマルクスの罵倒に匹敵するのはスウィフトだけだとエドマンド・ウィルソン(『フィンランド駅へ』)が書いているが、本書はラブレー的な筆致において、むしろこれら「くず、ごみ」的存在へのスカトロジカルな愛好を表出しているといってもよい。このような文体のみがボナパルトをめぐる倒錯的事態に拮抗しうるだろう。考えてみれば、パリに集ったマルクスのような亡命革命家たちも、ボナパルトらと同様に、一種の「ラ・ボエーム」であった。『ブリュメール18日』が見落とした「史実」をあげつらう現代の歴史家の書物は、この本がファルスを描いた第一級の文学的テクストであることを見落としている。

5

つぎにとりあげるべき representation の問題は、re-presentation つまり反復の問題である。むろん、これは冒頭から出てくる問題である。マルクスはこう書きはじめる。《ヘーゲルはどこかで、すべての偉大な世界史的事実と世界史的人物はいわば二度現れる、と述べている。彼はこう付け加えるのを忘れた。一度は偉大な悲劇として、もう一度はみじめな笑劇として、と。ダントンの代わりにコシディエール、ロベスピエールの代わりにルイ・ブラン、一七九三〜九五年のモンターニュ派の代わりに一八四八〜五一年のモンターニュ派、小男の伍長［ナポレオン］と彼の元帥たちの円卓騎士団の代わりに、借金を抱えた中尉たちを手当たり次第にかき集めて引き連れたロンドンの警官［ボナパルト！］》（本書、一五頁）。マルクスがここでいう歴史の反復は、一七八九年と一八四八年に関してである。それは王を廃して成立した共和制が皇帝制に終わるということである。だが、それだけではない。彼はこの冒頭の文句に続いて、フランス大革命において人々が「ローマ共和国に扮したりローマ帝国に扮した」ことを指摘している（本書、一六頁）。つまり、最初の一七八九年以後の事態もすでに反復であるということを。

マルクスの考えでは、一八四八年からの三年間は、一七八九年の革命からナポレオンのクーデタまでを反復するものだった。最初の方は、古代の再現というかたちをとりながら、ブルジョア革命を実現している。しかし、後の方には実現すべき新たなものは何もない。といっても、ボナパルティズムが実現したものがある。それは、資本主義がもたらす階級対立を行政権力によって解消すること、革命が以後永遠に不要であるようにすること、それが彼の書いた「ナポレオン思想」である。それは伯父のナポレオンが軍事的であるのに対して、平和と産業発展を志向するものである。むろん、それはボナパルトがイタリアの独立を阻止するために派兵することを妨げるものではない。

マルクスは右の文につけ加えていう。《人間は自分自身の歴史を創るが、しかし、自発的に、自分で選んだ状況の下で歴史を創るのではなく、すぐ目の前にある、与えられた、過去から受け渡された状況の下でそうする。すべての死せる世代の伝統が、悪夢のように生きている者の思考にのしかかっている》(本書、一六頁)。しかし、マルクスがここで注目する反復は、そのような一般的な事実ではなくて、一七八九年の革命、つまり王を殺して実現された共和制のなかから皇帝ナポレオンが出てきたことが、ある意味で、シーザーの「反復」にほかならないということだ。

そのことは、マルクスがヘーゲルの言葉を引用していることからも明らかである。彼が「ヘーゲルはどこかでこう述べている」という、その「どこか」とは、『歴史哲学』の、シーザーに関する言及においてであろう。ヘーゲルの考えでは、シーザーとナポレオンは世界史的人物であり出来事である。その理由は、彼らが、民族あるいは都市の国家に属する諸個人を、それらを超えた広域としての帝国に移し変えたということにある。シーザーは、ローマが拡大し、すでに都市国家＝共和制でやっていけない段階において皇帝になろうとし、共和制をまもろうとしたブルートゥスたちによって殺された。人々がローマ共和国がすでに死んでいたことを確認したのは、彼らがそれを破壊しようとしていると思ったシーザーを殺したあとである。ヘーゲルはここに反復を見いだしている。彼の考えでは、最初は偶然的に見える出来事が二度目において必然と見える。[*9] これは具体的には、つぎのことを意味するといってよい。シーザーは皇帝になり損ねた——マルクスはそれを「悲劇」と呼ぶ——が、彼が殺されたあとにむしろ必然的なものとして皇帝となる。すなわち、シーザーという固有名そのものが皇帝を意味することになったのである。

マルクスが見いだす「反復」は、ナポレオンが皇帝になるまでの過程がシーザーのそれを反復しているということである。もちろん、それはナポレオン自身がシーザーを模倣していたということだけではなく、そこには彼らの意識を超えた構造の同型性があるということだ。シーザーという事件に存する形式は、二つの面でいうことができる。

第一に、「王殺し」ののちに成立した共和制があり、そこにおける欠落・不安定を埋めようとする運動が「皇帝」に帰結する。つまり、共和制（議会制）そのものが皇帝を生み出すのだ。ここで、われわれは「王」や「皇帝」を、それらの慣用的な意味から離れて考えなければならない。ここで定義を試みれば、「王」が生まれながらに王であるのに対して、「皇帝」は大統領と同じく諸階級の「代表」としてあるということを意味する。彼は国民に君臨しながら、同時に国民の代表者でなければならない。

このことは第一次フランス革命においては典型的に示される。しかし、共時的な構造として見れば、これらの過程は短期間に発生しなくてもよいし、王が実際に殺されなくてもよい。たとえば、ローマ都市国家においては共和制の歴史は長い。いいかえれば、王はとうに廃棄されていた。したがって、シーザーが皇帝になることは、圧縮すれば、王―大統領―皇帝という過程の最後の段階である。繰り返していうが、それらは実際に王や皇帝などと呼ばれているか否かとは無関係な構造である。たとえば、第一次大戦後、ドイツ皇帝《カイザー》は廃され、共和制（ワイマール体制）が成立するが、そのなかから総統ヒトラーが出現する。この場合、そうした名称にもかかわらず、王─大統領─皇帝という構造的過程が反復されていることは明らかである。

第二に、「皇帝」は「王」と違って、多民族を代表＝支配するものである。王─大統領─皇帝という過程は、ローマの歴史において、王国、そして都市国家から、諸国家・多民族を包摂する帝国へという拡張と並行している。この過程は、フランス革命においてだけでなく、すでに述べたように、ドイツにおいて、一八七〇年代のドイツ帝国、一九三〇年代の第三帝国においても反復されている。それはあとでいうように、資本が国民経済を超えて拡張しなければならなくなる転換期に生じるのである。その場合、過去の「亡霊」が呼び出されることは、『ブリュメール18日』と同じである。たとえば、ナチズムの「第三帝国」においては、明らかにローマ以来の帝国の再建、あるいはむしろナポレオンの帝国がイメージされており、日本の「大東亜共栄圏」においても東アジアの「帝国」の再建が思念されている。[*10] 今日においても、ネーション＝ステートの枠組を超える「広域」は、実質的に、過去の世界帝国の版図を少しも超えていないし、かつて共有された「文化」を土台にしているのである。

第一次フランス革命が「古代の衣装」を借りるのは、たんなる過去の模倣、あるいは亡霊の支配ではなく、このような構造的変容の必然に根ざしている。しかし、彼らがそのことを意識しておらず、過去の言説によって現実を表象していたことは疑いがない。マルクスのいう「反復」は、そのような「表象」の拘束性のなかで生じるのである。それゆえ、第一次フランス革命には「悲劇」的なものがある。だが、マルクスがいうように、ボナパルトのクーデタは「ファルス」である。なぜなら、そこには徹頭徹尾意識的な演出しかないからだ。にもかかわらず、ここにも現代資本制社会がもつ構造的必然がひそんでいるといわねばならない。

6

マルクスが『ブリュメール18日』で述べたもう一つのrepresentationの問題は、資本主義経済にある。貨幣経済は表象的体系であり、その危機が経済恐慌である。マルクスは、一八五一年の経済恐慌がブルジョアジーを一挙にボナパルト支持に向かわせたと書いている。このとき、ブルジョアジーは、自由主義＝立法国家ではなく、強力な行政国家、すなわち、皇帝としてのボナパルトを求めた。ある意味で、彼はそれに応えたのである。マルクスに補足していえば、皇帝としてのボナパルトの政策はそれ自体矛盾に充ちたものだった。当時のブルジョアジーは経済政策において二つに分かれていた。一つは、サン＝シモン主義者ミシェル・シュヴァリエがいうように、市場を開放して世界経済のなかにフランスを入れていかなければならないが、同時に政府が経済に介入して産業を振興しなければならないという意見である。もう一つは、保護主義者アドルフ・ティエールがいうように、農業を中心にしたバランスのとれた体制を維持しよう、というものである。この二派の対立のなかで、ルイ・ボナパルトは、本質的には保護主義者であり、しかし、実践的にはサン＝シモン主義者としてふるまった。いいかえれば、この深刻な対立を消去ないし媒介するようなものとしてあらわれてきたのである。[*11]

マルクスはボナパルトを、諸階級の対立を消去するものとしてとらえたが、この「対立」はこの時期イギリス経済に圧迫されたフランスに固有の問題にかかわっている。と同時に、これはグローバルな資本主義と国民国家の経済という対立に一般化することができる。たとえば、国民経済を犠牲にした市場自由化か、それを保護するかという対立は、現在にも見られる最大の政治的争点の一つである。それらの要求をすべて充たすかのようにふるまう政治家は〝ボナパルティスト〟であるといってよい。もちろん、それはファシストであるとは決まっていない。一九三〇年代においてドイツや日本にはファシズムが生じたが、それは、〝ボナパルティズム〟の一様相である。むしろ一九三〇年代に生じたことを〝ボナパルティズム〟として見ることの利点は、たとえば、アメリカ合衆国において生じたことをも説明できるからである。右から左まであらゆる党派・階級・エスニックの支持を集めたルーズベルト大統領は、ボナパルティストである。それは実質的に、伝統的な二大政党という枠組を壊したのである。

『ブリュメール18日』にとりあげられた一八五一年の経済恐慌は、約一〇年の景気循環の一環である。それはほぼ六〇年の周期をもった世界資本主義の構造的変換にともなう危機、つまり、一八七〇年代、一九三〇年代、一九九〇年代においてあらわれる危機とは、規模が違っている。マルクスは『ブリュメール18日』を書いたとき、そのような転換期を知らなかった。しかし、この本には、基本的にそこに起こるだろう反復的形式がとらえられている。

同じことが『資本論』についてもいえるだろう。『資本論』のマルクスは、一国をモデルにしている、具体的にいえば、経済的自由主義をとったイギリスを。それはイギリスの産業資本主義が世界を圧倒的に制覇していたからである。マルクスは、諸外国の国民経済をイギリスの中に内面化することによって、資本主義の純粋モデルを考えたといえる。しかし、彼は海外貿易を二次的なものとみなしたのではない。『資本論』第三巻において、マルクスは「利潤率の傾向的低下」について述べ、それが海外貿易によって阻止されることを指摘している。

外国貿易に投ぜられた資本がかなり高い利潤率をあげることができるのは、ここではまず第一に、生産条件の劣っている他の国々で生産される商品との競争がおこなわれ、したがって先進国は自国の商品を競争国よりも安く売りながら、しかもその価値以上に売るからである。このばあい、先進国の労働がとくに比重のより高い労働として実現されるかぎり、利潤率は上がる。質的により高い労働として支払われていなかった労働が、そのような労働として売られるわけだからである。同じ関係は、そこへ商品が送られそこから商品がとりよせられる国に対しても生ずる。すなわち、この国は受けとるよりも多くの具体化された労働を現物で与えはするが、それでもなおその商品を自国で生産するよりも安く手に入れるからである。それはちょうど、新たな発明をそれが普及する前に利用する工場主が、競争相手よりも安く売りながら、しかもなお自分の商品の個別的価値以上に売る、つまり自分が使用する労働のとくにより高い生産力を剰余労働として実現するのと、同じである。彼はこうして剰余利潤を実現するわけである。

（『資本論』第三巻第三篇第一四章第五節、鈴木鴻一郎訳、中央公論社、一九八〇年、八五九〜八六〇頁）

彼がこう書いたのは、イギリスが「自由主義」貿易を唱えていた時代の資本制経済にかんしてであるから、さほどこの点を強調していない（しかし、たとえば、イギリスの労働者がマルクスのいう「窮乏化法則」に反してある豊かさをもちえたのは、資本が海外貿易から剰余価値を得ていたからである。窮乏化は国内よりもむしろ海外の植民地の人々に生じたのである）。実際には、閉じられた一国モデルで剰余価値を考えるのは正しくない。一般的利潤率の傾向的低下と、それに抗う運動が、資本の有機的構成の高度化と、世界的な資本主義化をもたらしつづけるのである。

海外貿易が「利潤率低下」に対する逃げ道であるという原理は、本質的には、それ以後においても違っていない。たとえば、マルクスの晩年において、先進国において「利潤率の一般的低下」が慢性的不況として出現し、「資本の輸出」がはじまった。それがホブソンやレーニンのいう「帝国主義」である。そして、このネーション＝ステートから帝国への変容は、旧来の国民国家にとって大きな矛盾としてあらわれる。ハンナ・アーレントはそれをつぎのように指摘している。《国民国家は征服者としてあらわれれば必ず被征服民族の中に民族意識と自治の要求とを目覚めさせることになり、これに対しては国民国家は政治的に無防備だった。永続性のある帝国を設立しようとする国民国家の試みは、この矛盾のために失敗に帰し、国民国家を致命的な自己撞着に陥れた》（『全体主義の起源2——帝国主義』大島通義・大島かおり訳、みすず書房、八頁）。

彼女は、さらにこのことが「反復」であることを指摘している。《国民国家と征服政策との内的矛盾は、ナポレオンの壮大な夢の挫折においてはっきりと白日のもとにさらされた》（同右、一一頁）。帝国主義はこの矛盾を解決できない。第一次大戦は、逆に、多くのネーションⅡステートの独立を生み出している。われわれが一九三〇年代のファシズムに見いだすのは、むしろ近代的なナショナリズムの「超克」である。もちろん、それは「想像的超克」でしかない。そのために、荒唐無稽な「人種」理論や反ユダヤ主義——これらはトランスナショナルな観念である——が動員されたのである。

それをもたらしたのは、カタストロフィックに露呈した世界資本主義の危機である。それは自由主義の最終的放棄、つまり、ケインズ主義的な経済政策による雇用創出、あるいはフォーディズムによる大量生産と大量消費というサイクルを作り出すことになった。しかし、実際にそれが可能だったのは、植民地という外国市場をもっている国家である。そして、それが旧来から植民地を所有していたもてる国と、そうでないもたざる国との戦争に帰結したのである。単純にいえば、もたざる国はファシズム的形態をとったわけだが、いずれの陣営も広域経済圏（ブロック）を形成したのである。この点で、それは一八七〇年代以後の「帝国主義」とは異質である。

第二次大戦後、いわゆる冷戦体制においては、各国は、アメリカの圧倒的な優位のもとにあって、保護主義的な政策をとりながら経済成長をはかった。しかし、日本やドイツの発展とともに、八〇年代においてアメリカの優位は失われ、その結果、ネオ自由主義が提唱された。九〇年のソ連崩壊後、世界各地はこのネオ自由主義のなかにあり、さらに共通の「敵」としてのソ連の不在のゆえに、それまで抑制されてきた先進資本主義間の競争が政治的次元でも露出してきている。ヨーロッパでまず最初に、次に北アメリカ、さらに東アジアにおいて、ゆるやかであるが、ブロックが形成されつつある。

ところで、これは一九三〇年代とどう違っているだろうか。現在の不況は三〇年代ほど深刻ではなく、また戦争の危機も切迫していない。だが、ある意味で、資本主義にとってははるかに深刻な危機がある。現在の不況、あるいは一般的利潤率の低下は、もはや国民経済の活性化、つまりケインズ主義によって超えられない。それはまた、三〇年代において生み出された技術革新のような劇的な飛躍を期待できない。実際、それは、第三世界を、大量生産・大量消費のサイクルのなかに巻き込むことによって存続しようとしている。だが、結果として、それはこれまでと桁の違う環境汚染をグローバルにもたらすだろう。マルクスがいった一般的利潤率の傾向的低下と、情報・富の階級的両極分解は、グローバルに進行している。しかも、それはもはや先進国と第三世界の分解ではなく、先進国の内部に第三世界が生じるような分解である。こうした危機において、旧来の代表制が機能しえないことはいうまでもない。われわれが予測しうるのは、こうした危機の想像的解決を唱える〝ボナパルティズム〟の出現である。

注

＊1――N・D・コンドラチェフの「長期波動」理論。詳しくは、エルンスト・マンデル『後期資本主義1』第4章（拓殖書房、一九八〇年）参照。さらに、イマニュエル・ウォーラース

テイン『長期波動・世界システム2』(藤原書店、一九九二年)。

＊2――この稿は、「歴史における反復の問題」(『批評空間』II―6、一九九五年)に加筆したものであるが、この際、日本史への言及を省略した。今後に、それらを改めてまとめるつもりである。

＊3――グラムシはこう書いている。《現代の世界では、カエサル主義の現象は、カエサル―ナポレオン一世型のものとも、ナポレオン三世型のものとも、まったくことなっている。どちらかといえば後者に近いにしてもである。現代の世界では、破局的な展望をもった均衡は、たとえ困難にみちた流血の過程をへてであれ、究極においては相互に融合し統一することができるであろうような諸勢力のあいだに生じるのではなく、相互の対立が歴史的に解消できないものであり、とくにカエサル的形態が出現するときには、むしろ、その対立が深まるような諸勢力のあいだに生じる。それでもなお、現代の世界においても、カエサル主義には、それぞれの国とそれらが世界体制のなかで占めている相対的比重に応じて、それが出現するための多少とも大きな一定の余地がある。なぜなら、ひとつの社会形態は、いっそうの発展と組織整備のための余地を「つねに」残しているからであり、とりわけ、敵対的な進歩的勢力のほうがそれに特有の性質と生存様式のために相対的に弱体であることをあてにすることができるからである。これは維持しておく必要のある弱さなのだ。だからこそ、現代のカエサル主義は軍事的であるよりも警察的であるといわれたのである》

（『新編 現代の君主』上村忠男編・訳、青木書店、一九九四年、一六二〜六三頁）。

＊4――ケルゼンはこう述べている。《――人々はあたかも議会主義においても、民主主義的自由の理念が、そしてこの理念のみが破綻なく表現されるかのような外観を喚起しようと欲した。この目的のために「代表の擬制」が役立つ。これはすなわち、議会のみが国民の代表者であり、国民はその意思を議会においてのみ、また議会によってのみ発表することができるという思想である。しかも事実はこれに反し、議会主義的原理はあらゆる憲法において例外なく、議員はその選挙人から何ら拘束的な指令をうけとるべきではなく、したがって、議会はその機能において国民から法律上独立しているものである、という規定と結合しているのである。まさにこの議会の国民に対する独立宣言をもって一般にはじめて近代議会が成立するもので、議員が命令的委任（選挙人団の指図）に周知のように拘束せられ、これに責任を負っていた昔の身分代表集会と明らかに切り離される》（『デモクラシイの本質と価値』西島芳二訳、岩波文庫、一九四八年、六〇頁）。

＊5――廣松渉は、『マルクス主義の理路』、『エンゲルス論』などで、史的唯物論の形成に関して「第一ヴァイオリン」を弾いたのはエンゲルスであることを強調している。私はこの意見に同意するが、廣松渉の主張とは逆に、それはエンゲルスの重要性をいうためではなく、マルクスの本領がそういうところにないことをいうためである。『ブリュメール18日』より数年前に書かれたエンゲルスの『農民戦争』には、彼のいう「歴史の法則」が示されて

いる。しかし、この本が『ブリュメール18日』と比べるべくもないのは、たんにマルクスの文学的「天才」が欠けているからではなく、表象システムにかんする認識が欠けているからである。

＊6——北一輝『日本改造法案大綱』(改造社、一九二三年)。この書の冒頭において、北は「天皇は国民の総代表たり」と述べている。彼は一貫して王権神授説に反対し、美濃部達吉の「天皇機関説」に拠っている。

＊7——つぎのようなハイデッガーの講演を見よ。《ドイツの教職員諸君、ドイツ民族共同体の同胞諸君。／ドイツ民族はいま、党首に一票を投じるように呼びかけられている。ただし党首は民族から何かをもらおうとしているのではない。そうではなくてむしろ、民族の全体がその本来の在り様をしたいと思うのか、それともそうしたいと思わないのかという至高の決断をおのがじし下すことのできる直接の機会を、民族に与えてくれているのである。民族が明日選びとろうとしているのは、他でもない、自分自身の未来なのである》(「アドルフ・ヒトラーと国家社会主義体制を支持する演説」一九三三年［石光泰夫訳、『現代思想』、一九八九年七月号、青土社］)

＊8——われわれは、ここにファシズムがナショナリズムのなかで生じながら、後者と異質であることに注意すべきである。前者は後者における表象の「危機」においてあらわれている。たとえば、ナショナリズムにおいては「血や大地」という指示対象物が表象されている。

といっても、それは元来フィヒテがいうような「内的国境」としての言語が物象化されたものである。ファシズムをもたらすのは、まさにそのような物象性の瓦解とそれの想像的な再建である。つまり、ファシズムは人々が「内的国境」を超えねばならない状況、いいかえればトランスナショナルな経済的状況において成立することを意味する。それはたんなる国粋主義によっては解決できない。たとえば、ハンナ・アーレントが指摘するように、ナチスの「人種」理論は、ドイツ国家を超えるインターナショナルな概念である。日本にかんしていえば、満州に行った開拓民には日本の「大地」は存在しえないし、「五族協和」のスローガンではもはや「血」は重視されない。「アーリア人種」や「東亜民族」という記号は、ネーションにおける「血や大地」のような指示対象性をもたない。それがリアルな対象性をもつためには、ユダヤ人や欧米列強という国際的な「敵」を仮想しなければならない。

＊9——ヘーゲルはこう述べている。《そもそも国家の大変革というものは、それが二度くりかえされるとき、いわば人びとに正しいものとして公認されるようになるのです。ナポレオンが二度敗北したり、ブルボン家が二度追放されたりしたのも、その例です。最初はたんなる偶然ないし可能性と思えていたことが、くりかえされることによって、たしかな現実となるのです》（ヘーゲル『歴史哲学講義（下）』長谷川宏訳、岩波文庫、一九九四年、一五一〜五二頁）。

＊10——北一輝は、『支那革命外史』において、明治天皇をナポレオンになぞらえている。ここから、ナポレオンがフランス革命をヨーロッパに拡大したように、日本のアジア支配を明治維新をアジア全域に広げるものとみなす彼の解釈が生まれる。これは京都学派とは別の視点である（以上『北一輝著作集2』、みすず書房）。

＊11——以上の考察は下記の論文に負うている。阪上孝「第二帝政と国民経済観の二類型」（『フランス・ブルジョア社会の成立』所収、河野健二編、岩波書店、一九七七年）。

刊行に寄せて——なぜ『ルイ・ボナパルトのブリュメール18日』か

訳者　植村邦彦

本書は、一八五二年五月にニューヨークのドイツ語雑誌『革命（*Die Revolution*）』に発表されたマルクスの論文「ルイ・ボナパルトのブリュメール18日（Der 18. Brumaire des Louis Bonaparte）」の翻訳である。底本として、この一八五二年の初版に基づくMEGA版（Marx/Engels, *Gesamtausgabe*, I/11, Berlin 1985）を用いた。翻訳に際して、ペリカン版マルクス政治著作集所収の英訳（Karl Marx, *Surveys from Exile. Political Writings*, Vol.II, ed. by David Fernbach, Harmondsworth 1973）、英語版マルクス・エンゲルス著作集所収の英訳（Marx/Engels, *Collected Works*, Vol.11, Moscow 1979）、岩波文庫版（一九五四年）の伊藤新一・北条元一訳、大月書店版『マルクス・エンゲルス全集』第八巻（一九六二年）所収の村田陽一訳、を参照した。ただし、これらはすべて、一八六九年にマルクスが手を加えてハンブルクで出版された第二版の訳である。

初版を底本とした理由を説明しておかなければならない。本書にも収めた「第二版への序文」で、マルクス自身は「たんに誤植を訂正し、いまではもう理解できない当てこすりを削除するだけにしておいた」と述べている。実際この第二版は、加筆訂正版というより、むしろ削除縮約版であり、削除された文章はかなりの分量に上るが、それは必ずしも「いまではもう理解できない当てこすり」にはとどまらない。

第一に、第二版では、形容詞や言い換えによる比喩などがかなり削除されている。たとえば、冒頭の有名な文章「一度は偉大な悲劇として、もう一度はみじめな笑劇として」は、「一度は悲劇として、もう一度は笑劇として」と訂正された。それに続く、ナポレオンとルイ・ボナパルトとをくりかえし対比させるリズミカルな文章も削除された。一言でいえば、初版は饒舌なテクストであり、第二版は相対的に簡潔なテクストなのである。同時代の臨場感あふれるこの饒舌さこそ初版の魅力であり、初版を底本とした第一の理由である。

第二に、第二版では、マルクスの理論的判断のいくつかが訂正ないし撤回されている。たとえば、第一章では、「プロレタリアの党派の指導者たち」を言い換えた「革命的共産主義者たち」という言葉が削除された。第七章では、国家の社会からの自立、国家と社会との対立を強調する表現が、書き直され、弱められた。また、プロレタリアートと農民との同盟の必要性を示唆した、「[農民の]合唱隊なしには、あらゆる農民諸国民の中でのプロレタリア革命の独唱は、葬送の歌となるであろう」という文章も削除された。このような示唆に富む(認識や展望の誤りとして後に撤回されたものも含む)テクストの豊富さが、初版のもう一つの魅力であり、初版を底本とした第二の理由である。

「いまではもう理解できない」箇所を少しでも減らすために、詳しい訳注と人名解説を作成した。第二版で削除され、書き直された部分についても、訳注で示しておいた。また、錯綜した階級的対抗関係や事態の推移を少しでも理解しやすくするために、一覧表を作成してみた。訳注の作成に際しては、MEGAの注解と人名索引、上記の英訳・邦訳の訳注を参照し、それぞれ取捨選択して利用させていただいたが、それ以外に、自分なりの訳注を作成するうえで最も多く参照したのは、聖書とラルース(*Grand Dictionaire Encyclopédique Larousse*)などの事典類を別にすれば、次に掲げる諸文献であった。記して感謝の意を表したい。

ジャン・カスー『一八四八年――二月革命の精神史』野沢協監訳、法政大学出版局、一九七九年。

アレクシス・ド・トクヴィル『フランス二月革命の日々――トクヴィル回想録』喜安朗訳、岩波文庫、一九八八年。

河野健二編『資料フランス革命』岩波書店、一九八九年。

河野健二『現代史の幕あけ――ヨーロッパ一八四八年』岩波新書、一九八二年。

喜安朗『夢と反乱のフォブール――一八四八年パリの民衆運動』山川出版社、一九九四年。

阪上孝『フランス社会主義――管理か自立か』新評論、一九八一年。

西川長夫『フランスの近代とボナパルティズム』岩波書店、一九八四年。


これらは、本書が対象としている時代と社会をよりよく理解するために必要不可欠な参考文献であり、マルクスの論じ方そのものを時代のパースペクティヴの中で客観的に判断するためにも、読者が自分でこれらの文献に目を通してみることをおすすめする。特に、ほぼ同じ時期に書かれたトクヴィルの回想録と本書とを読み比べて、両者の立場の違い、社会認識の違いを確認するのも興味深いと思う。

本書のおもしろさは、ブルジョアジーとプロレタリアートという二大階級の対立、支配階級の道具としての国家権力といった『共産主義者宣言』の説明図式を、マルクス自身が踏み越えているところにある。本書で生き生きと描かれているのは、ブルジョアジーの政治的代表（議会の秩序党）と議会外のブルジョアジー大衆との対立であり、市民社会に絡みついた寄生体（パラサイト）としての国家なのである。そしてマルクスは、ルイ・ボナパルトの権力の階級的基盤が、ブルジョアジーなのか、分割地農民なのか、ルンペンプロレタリアートなのかというクイズを出している。じっくりと考えてみていただきたい。

最後に、本書の翻訳の機会を与えていただいた『批評空間』編集部の内藤裕治氏に、改めてお礼申し上げる。なかなか楽しい仕事だった。

一九九六年二月

平凡社ライブラリー版へのあとがき

今回この版のために、ヨーゼフ・ヴァイデマイアーによる初版本への「序文」を新たに訳出して冒頭に収めた。これでようやく初出時の形を忠実に再現することができた。翻訳の底本は、一九六五年のインゼル叢書版に収録されたテクスト（Karl Marx, *Der 18. Brumaire des Louis Bonaparte*, Sammlung Insel 9, Frankfurt am Main 1965, S.7-8）である。

この「序文」からも見て取れるヴァイデマイアーの資金難のために、この初版本は五〇〇部しか印刷されなかった。しかも、印刷代を支払うのが遅れ、印刷済みの本を引き取るのにも手間取った。販売は一八五二年の五月末からアメリカ在住ドイツ人のネットワークに頼った形で開始されたが、最終的に印刷部数の半分以上がロンドンとケルンに送られた。マルクス自身も初版の出版後まもなく英訳版の出版やスイスでの出版を模索したが、いずれもうまくいかなかった。したがって、読者層はきわめて限定されたものだったことになる。

さらに、これも初版「序文」から推測されるように、この時期の革命運動は、一八四八年革命敗北後の、いわば「よどんだ」状況にあった。それは、スパイ、転向、裏切りのからみ合いの歴史であり、ロンドンやニューヨークで見られたのは、亡命ドイツ人たちが個人的な中傷を含む批判を投げ合い、小さな亡命者集団の中でさらに分裂と対立を重ねる姿だった。その中で、マルクスは運動の基盤を失い、生活の基盤も失いながら、歯をくいしばって革命論の再構築を試みた。その自己了解の一つの成果が、一八五二年の本書なのである。

男子普通選挙権を実現した共和制の下でルイ・ボナパルトのクーデタが可能となり、しかもこの独裁権力が国民投票で圧倒的な支持を獲得できたのはなぜなのか。この困難な問いを前にして、自己批判と試行錯誤の跡が生々しく、それにもかかわらず（あるいはそれゆえに）風刺的で皮肉に満ちた饒舌と明るい展望に満たされたテクスト。暗いよどんだ状況の中で生み出された躍動的なテクスト。おそらくこの独特の魅力のためだろう。マルクスの数多い著作の中でも、これまでにこれほどさまざまな読まれ方をしてきたものはない。

たとえば、クロード・レヴィ＝ストロースは一九五五年に、「私は何か社会学か民俗学の問題に取り組む時には、ほとんどいつも、あらかじめ、『ルイ・ボナパルトのブリュメール18日』や『経済学批判』の何ページかを読んで私の思考に活気を与えてから、その問題の解明にとりかかるのである」（『悲しき熱帯・上』川田順造訳、中央公論社、一九七七年、八七頁）、と告白している。

またエドワード・サイードが、「彼らは自らを代表することができず、代表されなければならない」という分割地農民を論じたマルクスの言葉を、批判を込めて『オリエンタリズム』の題辞として掲げたことはよく知られている（板垣雄三・杉田英明監修、今沢紀子訳、平凡社ライブラリー、一九九三年、一六頁）。他方、ガヤトリ・スピヴァクは「サバルタンは語ることができるか」という問いを立て、「その諸部分が連続的でもなければ相互に一貫してもいない、分割され、脱臼を起こした主体の諸モデルを構築することを強いられている」（『ポストコロニアル理性批判』上村忠男・本橋哲也訳、月曜社、二〇〇三年、三七三頁）マルクスの理論的試みの妥当性を擁護している。代表、階級、主体。レトリック、イデオロギー、無意識。『ブリュメール18日』が提起し示唆する問題は、広く深いのである。

本書の翻訳のきっかけは、『批評空間』編集者の内藤裕治さんからの一本の電話だった。内藤さんとは新宿の喫茶店で待ち合わせて打ち合わせしたのを覚えている。できるかぎり詳細な訳注、そして党派区分表、年表、人名解説もすべて内藤さんのアイデアだった。私にとって本当に勉強になる仕事だったし、本当に楽しい仕事だった。内藤さんはその後、批評空間社の社長に就任し、経営と編集の双方に尽力されていたが、二〇〇二年五月一九日に三七歳の若さで亡くなられた。一種の殉職だと思う。改めてここに謹んでご冥福をお祈りする。

本書が平凡社ライブラリーに収録されることになったのは、平凡社編集部の西田裕一さんのおかげである。この機会に、初出時の形を再現することができただけでなく、気になっていた訳語を訂正し、訳注の不正確な箇所をいくつか手直しすることができた。また西田さんに表記の統一など細かいところまで行き届いた指摘をしていただいたおかげで、訳文も読みやすくなったと思う。西田さんには改めて心から御礼申し上げたい。

二〇〇八年七月

訳者

平凡社ライブラリー 649

ルイ・ボナパルトの
ブリュメール18日《にち》［初版］

発行日…………2008年9月10日 初版第1刷
2022年2月11日 初版第9刷
著者……………K. マルクス／柄谷行人
訳者……………植村邦彦
発行者…………下中美都
発行所…………株式会社平凡社
〒101-0051 東京都千代田区神田神保町3-29
電話 東京(03)3230-6579［編集］
東京(03)3230-6573［営業］
振替 00180-0-29639
入力・DTP … エコーインテック株式会社
印刷・製本…… 株式会社東京印書館
装幀……………中垣信夫

ISBN978-4-582-76649-3
NDC分類番号133
B6変型判(16.0cm) 総ページ320

平凡社ホームページ https://www.heibonsha.co.jp/